欧洲简史

[英]雅各布·F. 菲尔德（Jacob F. Field）◎著　周挺◎译

图书在版编目（CIP）数据

欧洲简史 /（英）雅各布·F. 菲尔德（Jacob F. Field）著；周挺译. -- 北京：华文出版社，2021.1
ISBN 978-7-5075-5363-5

Ⅰ. ①欧… Ⅱ. ①雅… ②周… Ⅲ. ①欧洲—历史Ⅳ. ①K500

中国版本图书馆CIP数据核字（2020）第198445号

The History of Europe in Bite-sized Chunks, by Jacob F. Field
Copyright © Michael O'Mara Books Limited 2019
First published in Great Britain in 2019 by Michael O'Mara Books Limited
All rights reserved.
Simplified Chinese rights arranged through CA-LINK International LLC

欧洲简史
OUZHOU JIANSHI

著　　者：	〔英〕雅各布·F. 菲尔德
译　　者：	周挺
责任编辑：	魏姗姗
出版发行：	华文出版社
社　　址：	北京市西城区广安门外大街305号8区2号楼
邮政编码：	100055
网　　址：	http://www.hwcbs.com.cn
电　　话：	总 编 室 010-58336239　　发 行 部 010-58336267
	责任编辑 010-58336195
经　　销：	新华书店
印　　刷：	北京柯蓝博泰印务有限公司
开　　本：	710×960　1/16
印　　张：	10.25
字　　数：	120千
版　　次：	2021年1月第1版
印　　次：	2021年1月第1次印刷
书　　号：	ISBN 978-7-5075-5363-5
定　　价：	39.80元

版权所有　侵权必究

前言

单纯从地理角度来看,欧洲指的是欧亚大陆的西部,及其邻近海洋上的岛屿。欧洲的东部边界相当随意——它与亚洲通常以乌拉尔山脉、乌拉尔河、黑海和里海以及土耳其海峡为界限。本书从5000年前的青铜时代开始叙述,那时最早的欧洲文明开始出现,然后一直讲到21世纪的前十年。为了让读者更好地了解这段时间跨度很大的历史,作者将本书分成了许多简短的小章节。每个小章节阐述欧洲历史上某个方面的特征,包括政治、社会、宗教、经济和文化。有些小章节详细剖析历史上重要的事件、话题和时期,有些则简单介绍一些影响了欧洲大陆的"重要欧洲人"。这些小章节可以单独阅读,同时它们也是全书叙述的重要组成部分。

如果想要了解组成这片大陆的各个国家和地区的历史,那么全面地了解欧洲的历史就极为重要。这些国家和地区从来不是孤立存在的,随着时间的推移，它们之间的相互影响又在很大程度上塑造了它们各自的发展。这些相互影响有时充满暴力，但跨国合作和文化交流所起的作用远远超越了暴力冲突。此外，虽然欧洲列强不再通过帝国和殖民地统治世界，但是它们在世界各地都留下了遗产，包括在宪法、法律、语言、宗教和科技等方面。欧洲历史还与现代政治相互作用，并对现代政治产生了巨大影响，我们无法回避它留下的这些遗产。

《欧洲简史》将带领读者了解这片大陆的故事，这里曾发生了一些人类历史上最重要的事件。这里有野蛮的战争、无私的英雄、臭名昭著的恶棍、高尚的理想主义、肆无忌惮的暴力、开创性的变革、伟大的艺术和数不清的灾难。它们都曾出现在欧洲的历史上，如今在这本书中重现。

目 录
Contents

第一章　古典时代

　　米诺斯文明 / 001

　　腓尼基人 / 003

　　迈锡尼人 / 004

　　凯尔特人 / 005

　　希腊的黄金时代 / 007

　　苏格拉底（前 470/469—前 399）/ 008

　　波斯战争 / 009

　　斯巴达王国 / 011

　　罗马共和国的崛起 / 012

　　亚历山大大帝（前 356—前 323）/ 015

　　迦太基和汉尼拔 / 017

　　盖乌斯·尤里乌斯·恺撒（前 100—前 44）/ 019

罗马帝国的建立 / 020

基督教的传播 / 023

巅峰时期的罗马帝国 / 025

帝国的分裂 / 028

君士坦丁大帝（约272—337） / 029

西罗马帝国的衰落 / 031

第二章　中世纪

法兰克人 / 034

查理曼大帝（约742—814） / 035

拜占庭帝国（600—1100） / 037

斯拉夫人 / 040

阿拉伯人对欧洲的侵略 / 041

威尼斯共和国 / 043

维京人 / 045

诺曼人 / 046

十字军东征 / 048

汉萨同盟 / 052

英法百年战争 / 053

贞德（约1412—1431） / 056

第三章　启蒙运动

印刷革命 / 057

阿拉贡国王费尔南多二世（1452—1516）和卡斯提尔女王伊莎贝拉一世（1451—1504）/ 058

文艺复兴 / 060

文艺复兴人文主义 / 062

发现之旅 / 063

宗教改革 / 065

哈布斯堡帝国 / 069

俄国的崛起 / 071

欧洲的贸易公司 / 073

三十年战争（1618—1648）/ 074

法国的路易十四（1638—1715）/ 078

科学革命 / 078

启蒙运动 / 081

开明的专制君主 / 083

第四章　革命时代

第一次工业革命 / 087

法国大革命 / 088

革命精神 / 091

塔德乌什·柯斯丘什科（约1774—1817）/ 093

拿破仑（1769—1821）/ 094

拿破仑战争 / 097

德意志的统一 / 100

意大利统一运动 / 102

奥斯曼帝国的衰落 / 105

法国争取稳定 / 107

国家之春 / 110

克里米亚战争 / 112

俄国的改革和革命 / 113

卡尔·马克思（1818—1883）/ 115

女性争取选举权 / 116

第二次工业革命 / 117

欧洲帝国主义 / 119

第五章　危机中的欧洲

欧洲的火药筒 / 122

七月危机 / 123

西方战线（1914—1917）/ 125

土耳其和加里波利战役 / 127

意大利战线与墨索里尼的崛起 / 128

目录

俄国与东方战线 / 130

第一次世界大战的结束 / 133

《凡尔赛条约》 / 134

玛丽·居里（1867—1934） / 137

德国魏玛和希特勒的崛起 / 138

阿尔伯特·爱因斯坦（1879—1955） / 141

西班牙内战 / 142

第二次世界大战爆发 / 143

东方战线 / 146

形势的转变 / 148

犹太人大屠杀 / 149

第二次世界大战的结束 / 152

第一章
古典时代

米诺斯文明

克里特岛①是米诺斯文明的中心。米诺斯人生活在青铜时代，他们的名字源于希腊神话中的克里特之王米诺斯。米诺斯有一座迷宫，他在迷宫中向弥诺陶洛斯——一个半人半牛的怪物献祭。公元前3000年，米诺斯人开始制作青铜工具和武器，还制作复杂的釉陶和黄金首饰。他们发展出了一套象形文字书写系统（现在我们称之为"线性文字A"），并在地中海地区从事贸易往来，特别是与南边的埃及人。从公元前2000年起，米诺斯人开始在克诺索斯建造宫殿群，那里发展出了欧洲最早的城市。之后，他们还在克里特岛上建造了其他宫殿群，包括法伊斯托斯、扎克罗斯和马里亚。

虽然公元前1720年的一场大地震摧毁了克诺索斯，但在接下来的几

---

① 爱琴海中最大的岛屿，现属希腊，为地中海文明的发祥地之一。（本书脚注均为译者注）

个世纪里，米诺斯人在旧宫殿的遗址上又建起了一座更大、更豪华的宫殿。这里既是行政中心，又用来举行仪式，还设有工作坊、住宅和存放东西的地窖。1900年，考古学家挖掘出这里的宫殿群时，发现了大量画在墙上的壁画。这些壁画的内容既有世俗生活，也有宗教场景，写实地刻画了动物、植物和人的形象。其中一幅最著名的壁画描绘了"跳牛"的场景，这是一种体育宗教仪式，参加仪式的人抓住公牛的两只角，然后从牛背上跳过去（法国西南部至今仍保留着这种活动）。到公元前17世纪，克诺索斯的人口可能已经高达10万。

米诺斯文明的影响力在公元前16世纪达到了顶峰，传播到了塞浦路斯[①]和爱琴海的其他岛屿以及希腊本土，影响了那里的迈锡尼人。大约在公元前1500年，米诺斯文明开始衰落，其中的一个原因可能是克里特岛海岸发生的一场大地震。这场地震削弱了米诺斯，迈锡尼人趁机征服了克里特岛，并成为那里的统治力量。公元前1400年，一场大火烧毁了克诺索斯伟大的宫殿。虽然这座城市仍然有人居住，但它的规模大大缩小，重要性也大幅下降。

---

① 位于地中海东部，亚洲与欧洲交界处的一个岛。公元前16世纪，希腊人开始移居该岛并建立自治城邦。现为一个独立的国家——塞浦路斯共和国。

第一章 古典时代

腓尼基人

腓尼基是欧洲第一个伟大的商业力量，他们建造了一个横跨地中海的贸易网络，从现在的黎巴嫩一直延伸到西班牙南部。从公元前2000年到公元前1000年，他们在黎凡特①、北非、意大利和西班牙都建立了沿海的贸易殖民地。腓尼基并非一个正式的帝国，而是一个松散的城邦联盟。凭借高超的航海和造船技术，他们买卖奢侈品，像雪松木、葡萄酒、象牙和玻璃。他们将一些货物运输到遥远的北方，比如不列颠，也许再从那里换回一些开采出来的锡矿。腓尼基最出名的要数他们的染色纺织品。其中最受欢迎和最昂贵的染料是"提尔紫"，用海螺的分泌物制成，最初在提尔城（现在的黎巴嫩）生产。这种染料太过昂贵，只有社会上层人士才用得起，于是紫色迅速与王室或帝王身份产生了关联。

除了经济实力之外，腓尼基人对欧洲历史的发展最重要的贡献在于他们从公元前11世纪开始使用的字母表。不像其他一些更复杂的系统会使用上百个不同的图形符号或象形文字来记录信息，腓尼基人的字母表仅由22个字母组成，这意味着他们的文字更容易学习和使用。

---

① 指中东的托罗斯山脉以南、地中海东岸、阿拉伯沙漠以北和上美索不达米亚以西的一大片地区。

因此，它成了大多数西方字母表——包括罗马、希腊与西里尔字母表①的基础。

迈锡尼人

公元前2200年，印欧人开始移民到希腊大陆。由于掌握了战斗和制造武器的高超技能，他们才得以建立起部落君主国。他们通过在乡村的战略位置建造坚固的城堡来巩固统治。大约在公元前1600年，这些城堡中的很多都发展成了城市，诸如梯林斯、皮洛斯和米狄亚。在这些早期的定居点中，最重要的一个就是迈锡尼，迈锡尼文明由此得名。卫城（希腊语中"最高的城市"）建造在伯罗奔尼撒半岛东北部的山丘之上，俯瞰着周围的平原，四周由石块筑成的坚固城墙守护。迈锡尼人也与附近的居民有贸易往来，比如米诺斯人，他们对迈锡尼人产生了重要影响，特别是在艺术方面。公元前15世纪中期，迈锡尼人征服了克里特岛，取代米诺斯人统治了爱琴海以及塞浦路斯、罗德岛、意大利和安纳托利亚②等殖民地。迈锡尼人的书写系统（现在我们称之为"线性文字B"）在他们的统治地区传播开来，它用大约90个不同的符号来表示音

---

① 源于希腊字母，被斯拉夫民族广泛使用。

② 又名小亚细亚或亚美尼亚，现属土耳其。

节，用数百个图形字符来表示物体。

尽管他们很强大也很富裕，但在公元前13—前12世纪，迈锡尼文明还是逐渐变得动荡，最后走向了崩溃。其中的原因存在多种说法，有一种论断认为这是由于希腊北部的多利安人或者海上民族①（海上的掠夺者，他们是地中海东部地区的灾难）等境外势力的入侵，也可能是内部纷争或者自然灾害导致了迈锡尼文明的衰落。不管出于什么原因，公元前11世纪，迈锡尼文明消亡，退出了历史舞台。他们的书写系统曾主要被宫廷抄写员用于行政目的，也一同消亡了，不再为人们所使用。在接下来的3个世纪里，希腊世界一团混乱、动荡不安，人民目不识丁、愚昧无知。直到大约公元前800年，随着雅典和斯巴达等城邦的崛起，这个"黑暗时代"才得以终结。

凯尔特人

凯尔特人是说印欧语系的一个民族，他们定居在从黑海到大西洋沿海的欧洲地区，拥有共同的语言和文化。他们首次出现在公元前13世纪的中欧，当时就因制作和使用青铜器以及火葬并将骨灰保存在骨灰缸里

---

① 一般指腓力斯丁人，居住在地中海东南沿岸的古代居民。

而闻名。考古学家曾在奥地利哈尔施塔特①的一处遗址挖掘出了大量手工制品，这表明早在公元前700年，他们就是制作比青铜器更为坚固的铁器的大师。得益于他们高品质的铁制武器和盔甲，以及高超的作战和骑马技术，凯尔特人统治了许多地区，并与希腊人建立了贸易联系。到了下一个阶段，即公元前5世纪，凯尔特人发展出了"拉登文化"②。这一文化的艺术风格独特而精美，以抽象、流畅、弯曲的线条为特色。他们还注重音乐和诗歌。虽然凯尔特人建造了一些坚固的大型定居点，但他们还是主要处在农耕社会。他们通常由半世袭的酋长和贵族精英战士所领导，宗教仪式和活动则由名为德鲁伊的专职祭司主持。公元前5世纪到公元1世纪是凯尔特人最伟大的扩张时期，他们在此期间建立了多个独立的王国。这一时期，他们向南迁徙远至西班牙，向北迁徙远至大不列颠和爱尔兰，甚至还入侵了希腊，接着冒险进入了安纳托利亚。凯尔特人袭击了阿尔卑斯山南部，从那儿进入意大利半岛。他们对于新生的罗马帝国来说一直是个威胁，并在公元前390年洗劫了罗马城。

---

① 奥地利上奥地利州萨尔茨卡默古特地区的一个村庄。历史上这一地区因盐而致富，被称为"世界上最美的小镇""世界最古老的盐都"，曾被发现有大量史前古墓遗迹，出土了铜或铁质的砍刀、剑、众多铜质陪葬物和装饰物。
② 西欧和中欧的早期铁器时代文化，年代在公元前5世纪中叶到前1世纪末，主要分布在瑞士、奥地利、英国、法国、德国等国。因瑞士的拉登遗址出土文物最为典型而得名。

第一章　古典时代

希腊的黄金时代

公元前800年，希腊社会从部落结构组织成了城邦（我们称之为希腊城邦）。一开始，他们由名为贵族（字面上的意思是"最好的"）的地主阶级统治。虽然每个希腊城邦都不相同，但他们也有一些共同的特征，比如公民的概念、广场（露天市场和集会场所）、公开审判、出版法典和村镇联合主义（将附近的村庄和农村联合起来）。古希腊人是多神论者，宙斯是他们信仰的众神之王。不过，每个城邦都有其自身的乡土保护神和节日，这意味着各地的宗教活动是各异的。希腊城邦一直有崇尚武力的传统，军队既用于自卫，也用来扩张。他们的军队大部分由装甲步兵即男性公民志愿者组成，装甲步兵手执长矛和盾牌，密集排列成方阵作战。战斗的胜利依赖纪律和对战友的信任。很多城邦都有海军。公元前8世纪，他们开始使用三桨座战船。这是一种外形瘦长的船，主要由三排桨手提供动力。买不起武器和盔甲的自由民就通过当桨手来服兵役。

最著名的希腊城邦当属雅典。雅典形成于公元前3000年，其著名的卫城建于公元前1200年，那时希腊处于迈锡尼人的统治之下，这个城市逐渐发展成了一个重要的贸易中心，并将周围地区（即阿提卡）都置于自己的统治之下。雅典不断增长的财富造成了贫富分化,导致内部公民关系紧张,并最终将其带到了内战的边缘。为了阻止内战,政治家梭伦(前638—约前558)在公元前594年为希腊写了一部新的民主宪法,它给予了最贫穷的自由民在公民大会中的投票权;公民大会能决定外交政策、充当最高法院、任命高级官员和将军(通常是贵族)。没那么重要的官员的任命则由抽签决定。公民大会一个月召开三四次,到公元前5世纪,公民大会的人数达到了4万人(6000人是法定人数)。逐渐,大部分希腊城邦都效仿希腊的模式,成年男性公民活跃地参与和决定城邦事务(斯巴达是个显著的例外)。虽然事实证明这种民主体系非常稳健,但当危机出现时,个人有时也会临时掌权进行统治,而不必遵循法律或法规——他们被称为专制君主。

渐渐地,很多希腊城邦开始不满足于仅仅固守家园,而开始建立境外殖民地。他们在地中海和黑海周边总共建立了超过400个殖民地,同时在当地传播希腊的语言和文化。甚至当希腊城邦的政治影响力衰弱后,他们的文化对殖民地的影响力依然十分强大。

苏格拉底(前470/469—前399)

这一时期的希腊文化对后世有着深远的影响,尤其是在哲学领域。

苏格拉底是希腊最早的伟大的哲学家之一，他试图寻找一些基本问题的答案，特别是如何"好好活着"。雅典的权威人士认为他煽动青年、不信神，是个罪人，并判处他死刑。尽管他的支持者们力劝他出逃，但苏格拉底甘愿接受处罚，并喝下了一杯毒芹制成的药酒。他的学生柏拉图（前427—前347）认为人类生来就能分辨善恶。柏拉图在公元前387年创办了柏拉图学院，这是雅典的一所哲学学校。柏拉图的学生亚里士多德（前384—前322）认为人们应在实际生活中体验世界，这对科学思想的发展具有重大影响。苏格拉底、柏拉图和亚里士多德三人共同被视为西方哲学之父。

波斯战争

希腊在小亚细亚的殖民活动和干预使得他们与统治大部分中东地区的波斯帝国发生了冲突。作为回击，波斯人在公元前490年进攻了希腊大陆。他们在马拉松登陆，准备向雅典行军，但被一支希腊装甲步兵打败，最终只能撤退。

波斯人在10年后，也就是公元前480年再次攻打了希腊大陆。这次，他们集结了一支庞大的军队（古代的历史学家说这支军队多达250万人，但这并非事实。真实人数大约只有上述数字的1/10，不过按照现代的标准看来，这个人数也是相当多的），以及一支庞大的舰队。希腊的各个城邦抛开分歧，结成同盟，由雅典和斯巴达领导，共同抗击入侵者。在温泉关战役中，一支由斯巴达的列奥尼达一世①领导的7000人的希腊军队与一支波斯军队交战，波斯军队的人数是希腊军队的10倍。希腊军队驻守在一处狭窄的隘口，拖延了敌军3天之久。这给了希腊重整军队和准备更坚固的防御阵地的时间。虽然波斯人征服了雅典，但希腊人并没有屈服。一个月之后，一艘有着370艘战舰的希腊舰队与一支波斯海军交战，波斯海军的战舰数为希腊的两倍多，这场战争史称萨拉米斯战役。希腊人聪明地将波斯人诱至一处狭窄的海湾，波斯人庞大的舰队在那里施展不开，反而成为他们的短板，被希腊人一举击溃。第二年，希腊军队在陆地上也击败了波斯人，迫使波斯人再次撤回老家。

雅典和斯巴达的领导人在下一步行动方案上起了争执。斯巴达想与波斯人议和，而雅典人则渴望继续在小亚细亚与他们作战。结果，雅典人与其他和他们持相同观点的希腊城邦结成了提洛同盟，继续与波斯作战到公元前449年。

---

① 古希腊斯巴达国王，约公元前490年即位，公元前480年在率军与波斯军队的战斗中牺牲。

斯巴达王国

斯巴达在公元前10世纪出现了城邦，公元前650年左右成为一股强大的势力。与其他城邦不同的是，它没有民主集会，还有2位世袭的国王。渐渐地，国王的权势日益衰减，最终成为傀儡领袖，而年长者会议（长老会议）和民选官员（五长官团长官）的影响力与日俱增。斯巴达实行高度的军事化，所有公民都要服兵役。自由民从7岁开始就要接受严格的军事训练（斯巴达教育），20岁时就会被招募进军队。斯巴达的女人也要进行体育锻炼和军事训练，男人出征时，女人就负责家庭事务。

尽管斯巴达人生活在一个富饶的地区，但通常他们自己不从事农业生产，而是强迫邻近的百姓为他们劳作。这些人被称为希洛人——他们虽然不是合法的奴隶，但也不准离开自己耕作的土地，所以实际上和奴隶没什么差别。到公元前6世纪，斯巴达中希洛人的数量达到了公民的10倍。为了维持秩序，斯巴达人设立了一个叫作克里普提的秘密治安机关，监视希洛人，确保他们不会起义。

波斯战败之后，希腊出现了两大势力集团：由雅典领导的提洛同盟和由斯巴达领导的伯罗奔尼撒同盟。两大势力集团关系紧张，最终导致他们之间爆发了第一次伯罗奔尼撒战争（前460—前445）。公元前431

年，爆发了第二次重大冲突。斯巴达人穿过了雅典周边的乡村，但却无法突破城市的围墙。战争一直持续到公元前404年，最终斯巴达人打败了雅典人的舰队，迫使他们投降（讽刺的是，斯巴达人与波斯人结盟了）。这是对雅典的军事和经济统治地位的致命一击，斯巴达因此成为希腊最强大的力量。然而，斯巴达无法维持希腊的稳定，城邦之间的混战成为一种常态。这导致希腊出现了权力真空，给崛起的马其顿帝国制造了可乘之机。

罗马共和国的崛起

传说，公元前753年，罗慕路斯[①]在台伯河边的七座小山上建造了罗马城，他也成了罗马城的第一位国王。罗马的君主不是世袭的，而是由元老院（拥有土地的贵族集会）选举产生。公元前509年，国王塔克文·苏佩布（前495年逝世）在一次人民起义后被推翻，之后罗马建立了共和国。罗马的政治职务基于晋升体系，政治家只有通过选举才能成为执政官，每年都会选出两位执政官（能互相否决对方）来领导共和国。按照现代的标准来看，这种体系并不是完全的民主。只有自由民能投

---

① 约公元前771—前717年，与雷慕斯同为罗马城的建造者，在罗马传说中他们是一对双生子。根据传统罗马历史的记载，罗慕路斯为古罗马王政时代的首位国王。

第一章 古典时代

票，贿赂和威胁选民的现象十分猖獗。

罗马共和国在成立之后的2个世纪中扩张到了整个意大利半岛。从公元前3世纪到公元前1世纪，它控制了地中海地区，在布匿战争[①]中击败了迦太基人，还征服了希腊、叙利亚和小亚细亚的一部分。军事力量在罗马的崛起中扮演了重要角色。起初，罗马的军队是由业余市民组成的民兵组织，但随着罗马的发展，民兵组织发展成了专业的军队。公元前107年，将军、政治家盖乌斯·马略[②]（前157—前86）进行了一系列军事改革。他使训练和装备变得标准化，主张在军人退伍后奖励给他们土地。马略的改革缔造了一支技术娴熟、作战积极性高的常备军。事实证明这是把双刃剑，一些士兵对他们的将军比对共和国更忠诚，这最终导致了内乱。

平民和贵族一直以来的关系都十分紧张，这导致公元前287年出现了一个新的选举官职，即保民官，他的工作是代表平民介入国家事务。公元前130—前120年，提比略·格拉古[③]（前169—前133）和他的弟弟盖乌斯·格拉古[④]（前154—前121）都担任过保民官，并寻求和进行改革来帮

[①] 公元前264—前146年，罗马和迦太基之间为争夺地中海沿岸的统治权而进行的三次战争，结果迦太基被罗马所灭，迦太基城也被夷为平地，罗马成为地中海的霸主。

[②] 公元前104—前86年，担任罗马的执政官。

[③] 古罗马政治家，于公元前133年当选为保民官，由于实施土地改革触犯了贵族的利益而被谋杀。

[④] 古罗马政治家，于公元前123—前122年担任保民官，因继承兄长提比略·格拉古的改革事业被元老院逼迫而死。

助平民，他们计划中最重要的部分是大规模的土地再分配。但格拉古两兄弟都遭到了贵族支持者的暗杀，所以没能实现他们的目标。公民政治退化成了精英人士和传统贵族与平民的对抗。

混乱是公元前90—前80年罗马的特征。原先与罗马结盟的意大利城市奋起反抗，在公元前91—前88年与罗马进行了同盟者战争。虽然他们战败了，但避免了更多战争，罗马也授予了大多数意大利同盟公民身份。战时，罗马一位最主要的将领苏拉（约前138—前78）为了取得对共和国的统治权，在公元前88—前80年发动了两场内战，并对政敌进行了血腥清洗。这是个分水岭，罗马士兵第一次在对阵战中互相争斗，但这并非最后一次。

第一章 古典时代

日耳曼部落

大约公元前1200年，青铜时代末期，源于印欧人的日耳曼部落定居在斯堪的纳维亚南部和德国北部。他们先是掌握了制铁技术，之后便开始向外扩张。一支名为巴斯塔奈人的日耳曼部落在公元前3世纪一直向东迁徙到多瑙河三角洲。公元前113年，向南和向西迁徙的日耳曼部落与罗马发生了冲突。他们中的两支——辛布里人和条顿人多次被罗马打败，最终在公元前101年被征服。之后，定居在莱茵河西岸的日耳曼人在尤里乌斯·恺撒征服了高卢①之后归顺了罗马，很多人在罗马军队中服役。但罗马从未彻底解除日耳曼人的威胁，还与他们进行了一系列战争，双方之间的战争一直持续到公元6世纪。

亚历山大大帝（前356—前323）

马其顿是希腊北部的一个小王国，在伯罗奔尼撒战争之后崛起成为

---

① 古代西欧地区名，包括现在的法国、比利时等地，因其原始居民为高卢人而得名。

该地区的一支主导力量。从公元前350年到前338年，马其顿的国王腓力二世（前382—前336）统治了整个希腊大陆。正当他准备进攻波斯帝国时，却被自己的一个卫兵暗杀。

腓力二世年仅20岁的儿子亚历山大继承了王位，他曾经受过哲学家亚里士多德的教导。亚历山大的征战之路走得比他父亲更远，一直从埃及延伸到现在的巴基斯坦。公元前334年，亚历山大对波斯帝国发动了进攻。在接下来的10年间，他都在亚洲和北非作战。虽然敌军的数量常常是他的士兵人数的两倍，但他从未输掉一场战役，这都是因为他具有卓越的领导能力。亚历山大不仅是位军事家和战术家，还是一位后勤补给方面的大师，他总能确保士兵能得到充足的补给。到公元前330年，亚历山大已经征服了广大的波斯帝国。但他仍不满足，紧接着，他开始向印度次大陆行军，并于公元前326年到达海达斯佩斯河。截至当时，他的士兵已经离家2年，拒绝再往前行军。据说亚历山大为此痛哭了一场，因为他无法征服更多地方。

接下来，亚历山大在波斯定居，他开始接纳当地的着装方式和习俗，并将波斯人收编到他的军队和政府机构中来。他还娶了巴克特里亚王国①的罗克珊娜——一位中亚贵族的女儿，这使得他的许多希腊追随者大为愤怒，他们和亚历山大的关系变得紧张起来。但亚历山大依然坚

---

① 约公元前256—前145年。公元前3世纪中叶，希腊殖民者在中亚（今帕米尔以西的阿富汗一带）建立的奴隶制国家。公元前6世纪后期成为波斯帝国的一个行省，公元前329年被亚历山大大帝征服。

定地留在波斯，并开始计划进攻阿拉伯半岛。公元前323年，他在巴比伦城中去世。有人怀疑他是被反对者密谋毒死的，也有可能因为他多年征战和饮酒过量导致疾病加重而去世。亚历山大死了之后，他的帝国就分裂了，因为这个帝国太大，没有一个人能将它维系起来。他手下几位主要的将领瓜分了帝国，开始了他们自己的帝王统治。其中最持久和最强大的是塞琉古帝国（前312—前64，统治范围从安纳托利亚到中亚），另两个是希腊的安提柯帝国（前306—前168）和埃及的托勒密帝国（前305—前30）。

迦太基和汉尼拔

迦太基（即现在的突尼斯）由腓尼基人建立，创建时间可能在公元前8世纪末。在亚历山大摧毁腓尼基人的城市提尔之后，另一个腓尼基人的商业城市迦太基在公元前332年成为地中海的贸易中心。在长达一个世纪的时间里，迦太基一直非常富裕和强大，拥有该地区最大的港口。迦太基雇佣当地的努米底亚部落成员，组成了一支强大的军队，发展成了一个帝国，其领土包括北非的一些地区、西班牙南部和巴利阿里群岛[①]、

[①] 地中海西部的群岛，在利比里亚半岛和法国南部与北非之间，现为西班牙的一个自治区。

科西嘉岛和撒丁岛。

　　罗马和迦太基因为西西里岛发生了冲突，西西里岛之前基本上被希腊殖民者所统治。双方于公元前264年爆发了布匿战争（源于拉丁语Pinicus，罗马对迦太基人的称呼）。罗马建立起自己的海军，并于公元前241年打败迦太基，征服了西西里岛。3年之后，罗马又吞并了科西嘉岛和撒丁岛。公元前218年，迦太基将军汉尼拔·巴卡（前247—前183/182/181）抢先对罗马发起攻击，双方再起冲突。他率领军队从西班牙翻越阿尔卑斯山进入意大利北部。许多意大利部落也加入汉尼拔的队伍，奋起反抗罗马的统治。公元前216年，双方爆发了坎尼会战，汉尼拔彻底击败了一支罗马军队，但没能乘胜追击，因为他没有足够的人手占领罗马。罗马人改变了战术，不再试图在一场战役中击败汉尼拔，而是连续不断发动了许多场小规模进攻。汉尼拔在当地的盟友渐渐离开，他也意识到自己的军队很难再获得补给。公元前203年，罗马对迦太基发起进攻，他也因此被召回了家乡。第二年，汉尼拔被打败，迦太基被迫求和，他们向罗马支付了巨额赔偿，还交出了对西班牙的控制权。迦太基被沉重的战争债务和努米底亚人的突袭削弱，不复强大。公元前149年，罗马试图控制北非，便派出一支军队彻底摧毁了迦太基。经过3年的围城之战，迦太基陷落，最终被罗马人烧成了平地。

盖乌斯·尤里乌斯·恺撒（前100—前44）

在青年时代，为了躲避苏拉的迫害，恺撒逃离罗马，在小亚细亚的罗马军队中服役。公元前78年苏拉去世之后，他回到罗马成为一名律师，并凭借高超的演讲才能赢得了一些声望。公元前75年，在去希腊旅行的途中，恺撒遭到海盗绑架，交了赎金获得自由之后，他率领一支远征军回去寻找那伙海盗，最终找到了他们并将其处决。

接着，恺撒尽心尽力地开始了自己的政治生涯，职位也越来越高。虽然他出生在一个贵族家庭，但他是平民派的成员。公元前60年，恺撒与两位有权势的官员——罗马最富有的人马库斯·鲁西纽斯·克拉苏（约前115—前53）和因战争功绩显赫而被称作"马格努斯"（意为伟大的）的庞培（前106—前48）——成立了一个名为"三头同盟"的联盟。他们三人共同控制了罗马政治。公元前59年，恺撒当选为执政官，在一年任期结束之后，他对高卢发动了军事攻击。在接下来的8年多时间里，他征服了那里的凯尔特部落，将他们的领土并入罗马。恺撒还发动了两次对不列颠的进攻（前55年和前54年），但没能将其征服，而是在当地设立了藩属王。

由于担心恺撒变得太过强大，元老院中的保守党命令他撤回罗马，放弃他的军队。恺撒拒绝这么做，并在公元前49年率领军队进入意大利，引发了内战。双方在地中海地区爆发了战争，战场从西班牙一直延伸到希腊。公元前48年，恺撒因作战来到埃及，遇见了克里奥帕特拉[①]（前69—前30），当时她正与弟弟争夺统治国家的王位。恺撒与克里奥帕特拉相爱，并帮助她成为埃及女王。公元前45年，恺撒在打败了贵族派在西班牙的最后一支军队之后，胜利回到罗马，成为终生独裁官。他在无须与元老院商议的情况下进行统治，还颁布了大量新法律。他最重要的一条改革措施是采用新的历法，欧洲很多地区一直到1582年还在使用这套历法（俄罗斯更是直到1918年都在使用）。公元前44年3月15日，一伙元老院议员发动政变，刺杀了恺撒，但他们的政变并未成功。虽然恺撒被杀死了，但这些阴谋者最终也没能恢复旧的政治秩序。

罗马帝国的建立

恺撒指定他的甥外孙屋大维（前63—14）为他的继承人。屋大维与恺撒的两位主要将领马克·安东尼（前83—前30）和马尔库斯·埃米利乌斯·雷必达（约前89/88—前13/12）结成了后三头同盟。他们通过了

---

① 通称为埃及艳后，古埃及托勒密王朝的最后一任女法老。

一部法律，确立了他们对罗马及其属地的独裁统治，并在公元前40年共同打败了元老院的反对派。屋大维成为后三头同盟的领导人。公元前36年，雷必达被剥夺了大部分权力，逃离罗马。马克·安东尼与克里奥帕特拉相恋，接着与屋大维发生了争执。公元前32年，屋大维与安东尼之间爆发了战争，两年之后屋大维胜出。为了不被抓到罗马囚禁，马克·安东尼和克里奥帕特拉双双自杀，埃及也落入了罗马的统治之下。至此，屋大维除掉了所有强大的敌人，也具备了废除旧的共和体制的能力。虽然元老院还存在，但它已无法阻止屋大维。屋大维不仅有着巨额私人财富，还极受民众爱戴，他还有一批忠心耿耿的老部下。公元前27年，他成为罗马皇帝。他的新头衔包括皇帝①、奥古斯都②和第一公民③。奥古斯都接下来的统治时期十分和平，这样的和平一直持续到他去世那年，也就是公元14年。

由于奥古斯都没有儿子，所以最开始他的继承人一直没有确定下来。为了防止动乱，他指定了他的继子提比略（前42—37）为自己的继承人。提比略此前是位很有才能的将领，但成为皇帝后变得越来越阴郁和避世，经常离开罗马去他的沿海别墅居住，将管理事务交给自己的助手。他的侄孙、养孙卡利古拉（12—41）继承了他的皇位。最初，这位年轻的皇帝十分温和，获得了人民的爱戴，但很快就成了一位暴君，

---

① 原文为Imperator，来源于拉丁语imperium，意为"统治大权"。
② 原文为Augustus，意为令人尊敬的，这是一个宗教头衔，屋大维也因这个头衔而闻名。
③ 原文为Princeps，意为第一公民，体现屋大维对共和体制的认可。

然后被人刺杀。卡利古拉的叔叔克劳狄乌斯（前10—54）阻止了共和政体的复辟，确保了帝国统治的延续。克劳狄乌斯死后，他的养子尼禄（37—68）继承了皇位。继位后，尼禄逐渐变得残暴，甚至命人杀死了自己的母亲。他的挥霍无度和麻木不仁导致了叛乱，最终他不得不放弃皇位，并自杀而亡。

尼禄的死标志着"朱里亚·克劳狄王朝"[①]的终结。紧接着，罗马陷入了政治动荡，史学家将公元69年称作"四帝之年"[②]。由军事力量支持的政变成了这一时期罗马帝国的常态，虽然偶尔动荡不安，但罗马帝国还是被它强大、稳健的制度联结在一起，比如官僚体制、交通基础设施（它的道路网覆盖了方圆25万英里[③]的地区）和法律制度。帝国军队是帝国的脊梁。军队以军团为单位，一个军团有5000名步兵，这些步兵都是罗马公民，他们自愿服役25年，具有高度的纪律性和充足的补给。在巅峰时期，帝国军队有大约30个军团。非公民也可参军，担任辅助军团步兵（大多是轻步兵、弓箭手和骑兵），最多时有30万人。

---

① 公元前27—公元68年，罗马帝国的第一个世袭王朝。罗马帝国的建立者屋大维所属的尤里乌斯家族，借由联姻关系与罗马共和国的名门望族克劳狄乌斯家族结合形成的王朝。

② 公元69年，这一年中罗马出现了4位皇帝——伽尔巴、奥托、维特里乌斯和韦帕芗，陷入内乱。

③ 1英里约等于1.609千米。

第一章　古典时代

基督教的传播

公元前7—前2年的某个时间点，拿撒勒①的耶稣出生在犹太——公元6年成为罗马的一个行省。耶稣开始布道和吸引追随者，他的行为逐渐引起了当权者的担忧，他们认为耶稣威胁到自己的统治。公元30年左右，在罗马统治者的命令之下，耶稣在耶路撒冷被钉在了十字架上。但这并没能阻止受他教义的启发而产生的宗教，也就是基督教的发展。耶稣死后，他的门徒冒着危险将他的福音从犹太传到了中东和地中海其他地区。最初，绝大多数基督徒都是犹太人，但在耶路撒冷会议②（约公元50年）之后，教义规定其他民众也能信仰基督教。

塔尔苏斯的圣保罗是早期教会中的一个重要人物，他是安纳托利亚的犹太人，曾迫害基督徒。当他从耶路撒冷到大马士革旅行时，体验了耶稣显圣，于是转变为一名虔诚的基督徒。由于圣保罗是罗马公民，他可以在帝国内旅行、布道、写信和为基督教设立一些重要的教条及修建教堂。耶稣的使徒之一圣彼得（约公元68年去世）来到罗马，他与圣保罗在当地建了一座教堂。天主教徒承认彼得为第一任教皇，但他最后被

---

① 历史上属于加利利地区，现为以色列北部的一个城市。

② 因争论非犹太人信仰基督教后是否必须行割礼而召开。

尼禄下令处死。有一种说法是，他的殉道记录里写道，他要求行刑者将他头上脚下地钉到十字架上，因为他觉得自己配拥有与耶稣相同的死法。圣保罗也死在了罗马。圣保罗在耶路撒冷布道时被捕，但他没有接受审判。他要求，作为一位罗马公民，他应该被带到罗马向皇帝求助。就像圣彼得一样，他也被尼禄下令处死。不过他可能是被砍头的，没有被钉到十字架上。虽然基督教失去了两位领导人物，但它宣扬死后能得到永生的救赎，这一点为它吸引了来自罗马世界（及其他地方）的稳定的追随者，特别是在城市里生活的人和穷人。基督徒还遭到了公众的迫害，因为有些民众认为他们会带来不幸。此外，罗马的帝国当权者认为基督徒引起了社会的不稳定，并给他们安上了违抗皇帝的罪名。

渐渐地，基督教形成了自己的一套教义，也变得越来越有组织性。公元1世纪后半叶，《新约》写作和收录完成，它记载了耶稣的生平和早期教会的历史。为了解释和确定教义，基督教召开了大量宗教会议，教徒领袖和神学家就宗教信仰问题进行辩论。此外，公元2世纪出现了教会等级制度，一些大城市，像安提阿①、罗马和亚历山大的主教有权管辖周边地区。

---

① 罗马帝国的第三大城市，叙利亚省的省会。

巅峰时期的罗马帝国

将领韦帕芗（9—79）在公元69年被他的军团推举为皇帝，这标志着四帝之年的结束。他统治了罗马10年，重建了秩序。自他继位开始的100多年里，大多数罗马皇帝都十分有才能。罗马帝国进入了一个相对和平和繁荣的阶段。罗马的殖民统治带来了许多好处，比如说道路、农业、卫生和贸易（但我们也应该记住大多数成就都是依靠奴隶获得的，奴隶至少占到了罗马帝国人口的十分之一）。罗马能将帝国维系成一个整体的一种重要手段是将合法权利授予联盟和被占领地区的某些人（往往只有当地的精英才能充分享有公民权）。罗马公民受王法保护，具有接受审判的权利。

公元117年，在图拉真（53—117，一位生于西班牙的将领，在军队的支持下当上了皇帝）的统治下，罗马帝国的疆域扩展到了历史最大范围。在图拉真的领导下，罗马赢得了达契亚①战争（101—102和105—106）的胜利，将帝国扩展到了巴尔干半岛。然后，他将注意力放到了东方，与帕提亚王国（现在的伊朗和伊拉克大部）作战，吞并了它的首

---

① 位于喀尔巴阡山和多瑙河之间的古代王国，于公元105—271年成为罗马帝国的一个行省。

府，占领了一些地区。此次胜利之后，健康状况日益衰退的图拉真在回罗马的途中死在了小亚细亚。

图拉真死后，罗马倾向于不再发动征服战争，而是将精力更多地集中在边境防御之上。图拉真的表侄和养子哈德良（76—138）继承皇位之后，立即停止了一些征服战争。他制定了一项巩固和扩充罗马边境防御的政策，下令建造长城、堡垒和塔楼。哈德良巡游了他的帝国，造访了不列颠尼亚[①]、北非、希腊、小亚细亚和中东，视察军队和调查地方事务。他实行的紧缩政策的标志是建造了以他的名字命名的长城，这是一段长达73英里的石头防御工事，建于公元122—128年，是为了防御不列颠尼亚北部免遭北方部落的袭扰而建造的。规模更大的还有日耳曼长城，这是一系列防御工事，与天然屏障多瑙河和莱茵河结合而成，是为了防止日耳曼部落对罗马帝国的进犯而建造的。

罗马帝国在康茂德（161—192）的统治下再次陷入混乱。康茂德经常下到竞技场与角斗士搏斗（有时以大力神赫拉克勒斯[②]的形象出现），还杀了数百只珍禽异兽，包括鸵鸟、狮子和一只长颈鹿，这些行径引起了罗马人的反感。他变得越来越狂妄自大，甚至将罗马改名为"康茂德的殖民地"，这些行为最终导致他在公元192年遇刺身亡。他的一群顾问

---

① 罗马帝国对不列颠岛的古意大利语称呼。后来在此设立不列颠尼亚省，疆域包括英格兰和威尔士的绝大部分地区。
② 古希腊神话中的大力神，宙斯与阿尔克墨涅之子，神勇无比、力大无穷，完成了12项被誉为不可能完成的任务。

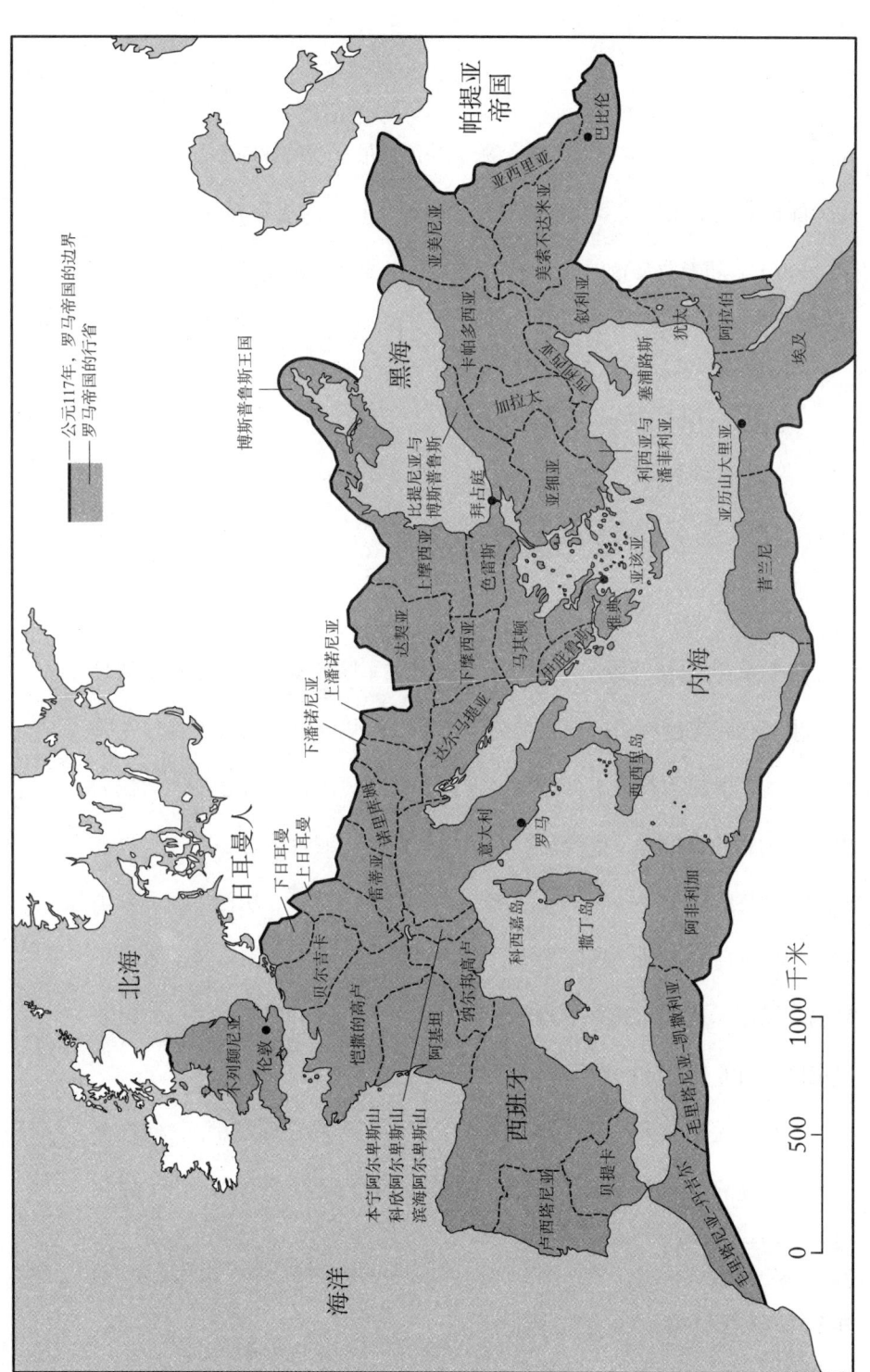

极盛时期的罗马帝国（公元117年）

站出来反对他,当他洗澡时,他们派了一位他最喜欢的摔跤手前去勒死了他。除掉康茂德没能使罗马恢复秩序,反而导致了内战和五帝之年①(公元193年)。随着罗马帝国进入公元3世纪,长期政治稳定变得越来越难以实现。

帝国的分裂

从公元3世纪初开始,军营皇帝也就是在军团的支持下获得权力的皇帝,出现得越来越频繁;仅仅在公元235—284年间,就出现了14位军营皇帝。他们的统治往往十分短暂,通常只持续短短几年,这是因为他们失去了士兵的支持时,很容易被某位士兵谋杀,或者被对手推翻。公元284年,戴克里先(244—约311)被士兵们拥护为皇帝,统治了罗马帝国20多年。他冷酷无情、独断专行,通过迫害他的敌人和镇压叛乱重建了帝国的秩序。从公元303—311年,他发动了大迫害,用暴力手段对付罗马帝国境内的基督徒,并严格限制他们的合法权利。

戴克里先最伟大的遗产是他分裂了罗马帝国。公元286年,他任命了另一位皇帝来统治帝国的西部。公元293年,戴克里先进一步下放权

---

① 罗马帝国在这一年之内出现了5位皇位的争夺者,分别为佩蒂纳克斯、尤利安努斯、奈哲尔、阿尔拜努斯和塞普蒂米乌斯·塞维鲁。

力,他将帝国一分为四(这种统治方式被称为"四帝共治",即四位皇帝共同统治),在东部和西部各任命一位皇帝和一位副皇帝(头衔分别为奥古斯都和恺撒),并在边陲地区设立了四个行政中心,分别为意大利北部的米兰、安纳托利亚的尼科米底亚①、高卢的特里尔②和多瑙河地区的西米乌姆,这样就能近距离监视帝国的边境。罗马帝国的东部和西部在政治和文化上越来越分裂(在东部,人们往往说希腊语,而非拉丁语)。虽然帝国有时也会重新统一,但这种分裂会一直重现。

君士坦丁大帝(约272—337)

君士坦丁是东罗马帝国奥古斯都的儿子,在父亲的军团的支持下,在约克当上了皇帝。当时罗马帝国进入了内战和叛乱时期,各个皇帝为争夺统治地位而互相争斗。君士坦丁在西方的主要竞争者是马克森提乌斯③(约278—312)。312年,君士坦丁率军队进入意大利与马克森提乌斯作战,并在罗马之外的米尔维安桥取得了决定性胜利。据说在这场战役之前,君士坦丁在梦中获得了指导,在他的军队的盾牌上标记基督教

---

① 现名伊兹密特,土耳其西部城市。
② 德国最古老的城市。
③ 306—312年担任罗马皇帝,在米尔维安桥之战中兵败被杀。

的"凯乐"（两个叠加在一起的希腊字母，象征耶稣）符号。另一个说法是，君士坦丁在作战前看见天空中出现了两道十字架形状的光，还有一行字"看见这个符号意味着你将获胜"。

于是，君士坦丁成为西罗马帝国的皇帝。第二年，他和东罗马帝国的李锡尼①（263—325）签署了米兰敕令，给予了人民信仰基督教（和所有其他宗教）的自由。但君士坦丁和李锡尼最终还是闹僵了，他们在公元324年爆发了内战。君士坦丁赢得了胜利，他宣布自己为东西两个罗马帝国的皇帝。同一年，他重建了拜占庭，将其命名为君士坦丁堡，作为东罗马帝国的首都。经过一番迅速的兴建运动，六年之后，这座城市发展成了神圣的"新罗马"。

君士坦丁对基督教的支持至关重要，保证了基督教的存活和发展。他还对基督教的神学发展有着重要的影响。公元325年他召集教会领导人召开了第一次尼西亚公会议②，对解决基督教内的一些问题达成了共识，比如确定了复活节的日期，等等。公元337年，君士坦丁患病，也许他意识到自己犯下了众多罪孽，希望能获得赦免，所以在病床上接受了洗礼（他原本想效仿耶稣在约旦河中接受洗礼，但他病得太重，无法这么做）。虽然君士坦丁支持基督教，但他并未宣布基督教为罗马帝国的国教。公元380年，最后一位统治东西罗马帝国的皇帝狄奥多西一世（347—395）宣布基督教为国教（亚美尼亚王国于公元301年宣布基督教

---

① 公元325年被君士坦丁杀死。

② 基督教历史上第一次世界性主教会议。

为国教，它是第一个宣布基督教为国教的国家）。基督教与罗马帝国的联系，使得它获得了声誉和保护，这意味着罗马成为教会最重要的中心。

西罗马帝国的衰落

公元4—5世纪，罗马帝国逐步走向衰落，尤其是西罗马帝国。政治不稳定只是部分原因，当时还存在根深蒂固的社会经济分歧。随着帝国日益城市化（罗马的人口在公元2世纪就达到了100万，直到19世纪才有其他欧洲城市达到这个人口数量），农业生产力逐渐下降。人口密度大的城市卫生状况堪忧，导致了瘟疫的爆发。由于税收无法负担帝国行政和军事管制支出，所以政府降低了货币价值，这一举措引发了通货膨胀。这意味着人们对帝国货币的信任度降低，直接导致了国内贸易的衰退。

公元5世纪，意大利多次遭受攻击。公元410年，哥特人的西部分支西哥特人洗劫了罗马。公元452年，匈人阿提拉劫掠了意大利北部。三年之后，罗马又遭到了汪达尔人的洗劫。公元476年，一位日耳曼将领奥多亚克统率一队罗马雇佣军，推翻了西罗马帝国最后一位皇帝罗慕路斯·奥古斯都（约460—507）。奥多亚克自立为意大利国王，对此罗马人并未太过反对。公元489年，哥特人的东部分支东哥特人侵略了意大利。在狄奥多里克大帝（454—526）的领导下，东哥特人蹂躏了整个意大利半岛。为了不被狄奥多里克抓住，奥多亚克逃到了固若金汤的拉韦纳城中。公元493年，狄奥多里克提出与奥多亚克共同统治意大利，于是得到允许进入拉韦纳。但这是狄奥多里克的诡计，几天后，他亲手杀了奥多亚克，之后又杀了奥多亚克的妻子和儿子。接下来狄奥多里克统治了意大利半个多世纪。

匈人

匈人是来自中亚的游牧民族,在公元271年移居欧洲。4世纪末,他们到达东欧,袭击了波斯和东罗马帝国。尽管他们的军事力量强大,但在政治上却是分裂的,经常缺乏一位强大的统治者。但这种情况在公元420年改变了,奥克塔和鲁加两兄弟开始将匈人联合起来,共同担任国王。公元434年,鲁加去世,他的侄子阿提拉(死于公元453年)继承了他的王位,与其兄长布莱达共同统治匈人,直到布莱达于公元445年去世。从公元440年到443年,阿提拉一直在与东罗马帝国作战,并强迫他们支付2000千克黄金作为撤兵的条件,之后每年还要向他上贡700千克黄金。之后阿提拉将关注点放到了西方,于公元451年攻击了高卢,公元452年劫掠了意大利北部(他没能到达罗马)。接着,他撤退到了多瑙河东部,开始准备攻击君士坦丁堡。但他在开始实施这个计划之前就去世了。一种说法是,在一场婚宴上,阿提拉喝得烂醉,之后便鼻血流个不止,因此窒息而死。没有了他的领导,匈人帝国迅速分裂成了数个敌对的派系。

第二章
中世纪

法兰克人

　　法兰克人是日耳曼人的一支,他们在公元4世纪中期进攻了高卢。西罗马帝国覆灭之后留下了一个权力真空,公元5—6世纪,法兰克的统治者控制了高卢的大部分地区、德国西部和低地国家①的统治权。最初,法兰克人分为多个部落王国,克洛维一世(约466—511)是其中一个部落王国——撒利族的统治者。公元509年,他将法兰克人联合起来,成为他们的第一位国王,建立了墨洛温王朝。克洛维一世皈依了天主教②,以他为榜样,基督教传遍了法兰克王国。

　　克洛维死后,根据法兰克人的传统,四个儿子瓜分了他的王国。这导致墨洛温王朝的不同分支之间互相争斗了几十年,原先的王国也分裂

---

① 对欧洲西北部沿海地区的荷兰、比利时和卢森堡三国的统称。
② 基督教的三大教派之一,也叫罗马天主教。

成了几个小王国。7世纪末，墨洛温王朝国王的权力日渐减少，他们成了礼仪上的傀儡领袖。"宫相"，即一位高级官员，实际上掌握了统治权。680年，丕平二世（约635—714）出任法国东北部的一个法兰克人王国——奥斯特拉西亚王国的宫相。在他的领导下，奥斯特拉西亚王国赢得了一系列战争，再次将法兰克人的土地联结在一起。丕平的儿子查尔斯·马特尔（约688—741）接手了父亲的工作，集中权力，抵抗阿拉伯人对法兰克王国的侵略。751年，马特尔的儿子"矮子"丕平（约714—768）废除了墨洛温王朝，自立为法兰克人的国王，开始了加洛林王朝的统治。

查理曼大帝（约742—814）

查理曼大帝是"矮子"丕平的长子。他的父亲于公元768年去世后，他只继承了法兰克王国一半的领土，另一半在他的弟弟卡洛曼（751—771）的统治之下。这兄弟二人的关系并不和睦，正当他们之间的战争一触即发之时，卡洛曼猝然去世。查理曼大帝随之统治了他弟弟的领土，接着便开展了一系列军事行动，他常常亲自率领军队作战。他最大的敌人是东边的异教徒日耳曼撒克逊人。经过30多年断断续续的战斗，他征服了撒克逊人手中的德国西部的大片领土，还迫使他们皈依了基督教。

不知疲倦的查理曼大帝还吞并了意大利北部、西班牙东北部、巴伐利亚、弗里斯兰，以及奥地利和波希米亚的部分领土。在公元800年的圣诞节，教皇为他加冕，宣布他为第一位神圣罗马皇帝。他用这个头衔向世人展示他是罗马皇帝的继承人，头衔中的"神圣"二字表明他受到教会的祝福。

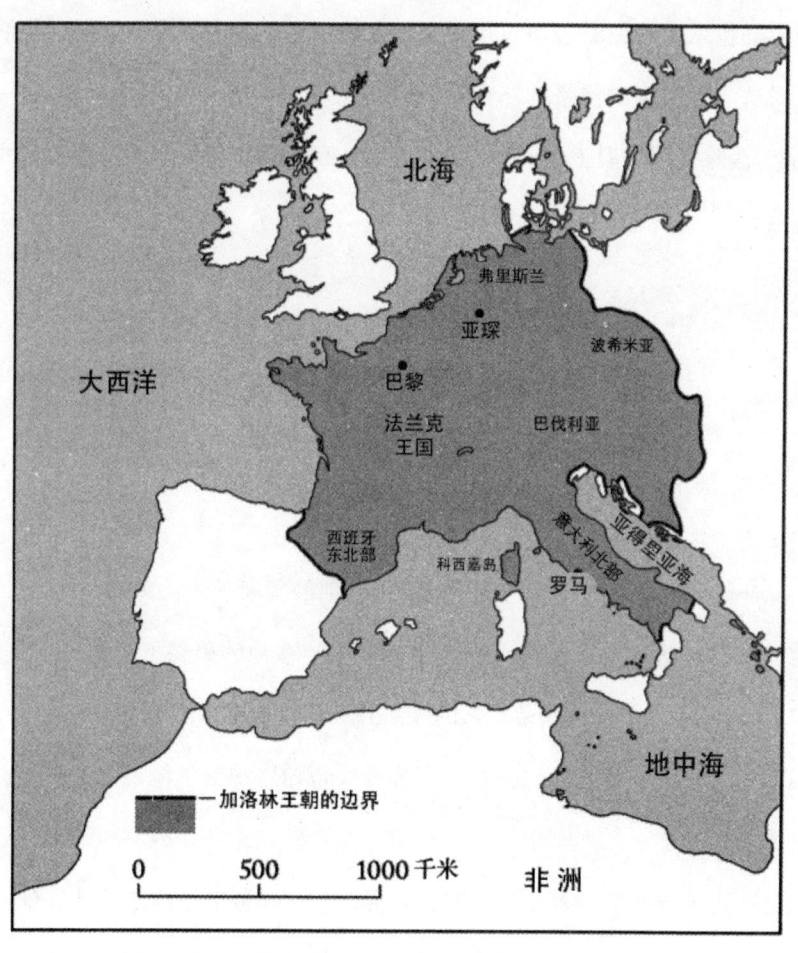

查理曼大帝统治下的加洛林帝国（约公元814年）

由于马不停蹄地发动战争以及王国疆域太过广大，查理曼大帝一直都在四处奔波。他开发出了一套高效的行政系统，起用王室官员、地方精英、家族成员和神职人员来施行法律、维持国家和平、收税和雇佣士兵。查理曼大帝还是一位伟大的艺术与教育赞助人，开启了一段文化活跃时期，史称加洛林文艺复兴①。他最爱住在亚琛，并将该地定为王国的首都。他于公元814年死于亚琛，葬在这座城市宏伟的大教堂（他下令建造的）之中。加洛林王朝没有持续太长时间，公元9世纪30年代，查理曼大帝的几个孙子之间爆发了内战，王朝由此瓦解。公元843年，加洛林王朝分裂成了三个部分：西法兰克王国（公元987年成为法兰西王国）、中法兰克王国（从低地国家延伸到意大利北部，公元855年被瓜分）和东法兰克王国（构成了公元962年建立的神圣罗马帝国的大部分领土）。

拜占庭帝国（600—1100）

公元600年，拜占庭帝国是地中海地区的主导力量。皇帝是帝国的中心，在希腊语中被称为"巴赛勒斯"②。这个头衔并非完全可以世袭。虽

---

① 发生在公元8世纪晚期至9世纪，由查理曼大帝及其后继者在欧洲推行的文艺与科学复兴运动，被誉为"欧洲的第一次觉醒"。

② 原文为basileus。

然皇帝经常将皇位留给自己的儿子，但在爆发危机之时皇帝也有被赶下台的危险。在皇位之争中被打败的人就会面临着进入修道院、被刺瞎双眼、被阉割或者死亡的命运。

在中世纪，拜占庭帝国虽然偶有复兴的时候，但总体上还是在7世纪开始走向衰落。当时，它把对埃及和叙利亚的控制权输给了阿拉伯人，接着在827—902年，又将西西里岛输给了阿拉伯人，然后在1071年，诺曼人夺走了他们对意大利南部的最后一点控制权。

到了11世纪，拜占庭帝国又有了新的敌人——塞尔柱帝国，他们是信仰伊斯兰教的突厥人。在伊朗建立了统治地位之后，他们于1067年入侵了安纳托利亚。1071年8月26日，他们歼灭了企图前来打败他们的拜占庭帝国的军队，并俘虏了皇帝罗麦纽斯·戴俄格尼斯（死于1072年）（虽然罗麦纽斯被送回了君士坦丁堡，但在他离开期间，他的皇位已被推翻，接着他便被刺瞎双眼，囚禁于一个修道院之中）。曼奇卡特战役后，塞尔柱帝国将安纳托利亚和圣地①收入囊中。虽然科穆宁王朝②（1081—1185）恢复了稳定，阻止了塞尔柱帝国的继续进犯，但拜占庭帝国统治的领土已经大大减少，仅限于希腊、巴尔干半岛东南部以及地中海的一些岛屿。

---

① 麦加和麦地那。

② 伊萨克一世·科穆宁于1057年在君士坦丁堡军队首领们发动的政变中被拥立为皇帝，但由于企图抑制教会和官僚，两年后被以米海尔·普塞尔乌斯为首的帝都贵族推翻。之后在1081年，伊萨克一世·科穆宁的侄子阿历克塞一世·科穆宁恢复了科穆宁王朝的统治，该王朝最终在1185年被安格洛斯王朝推翻。

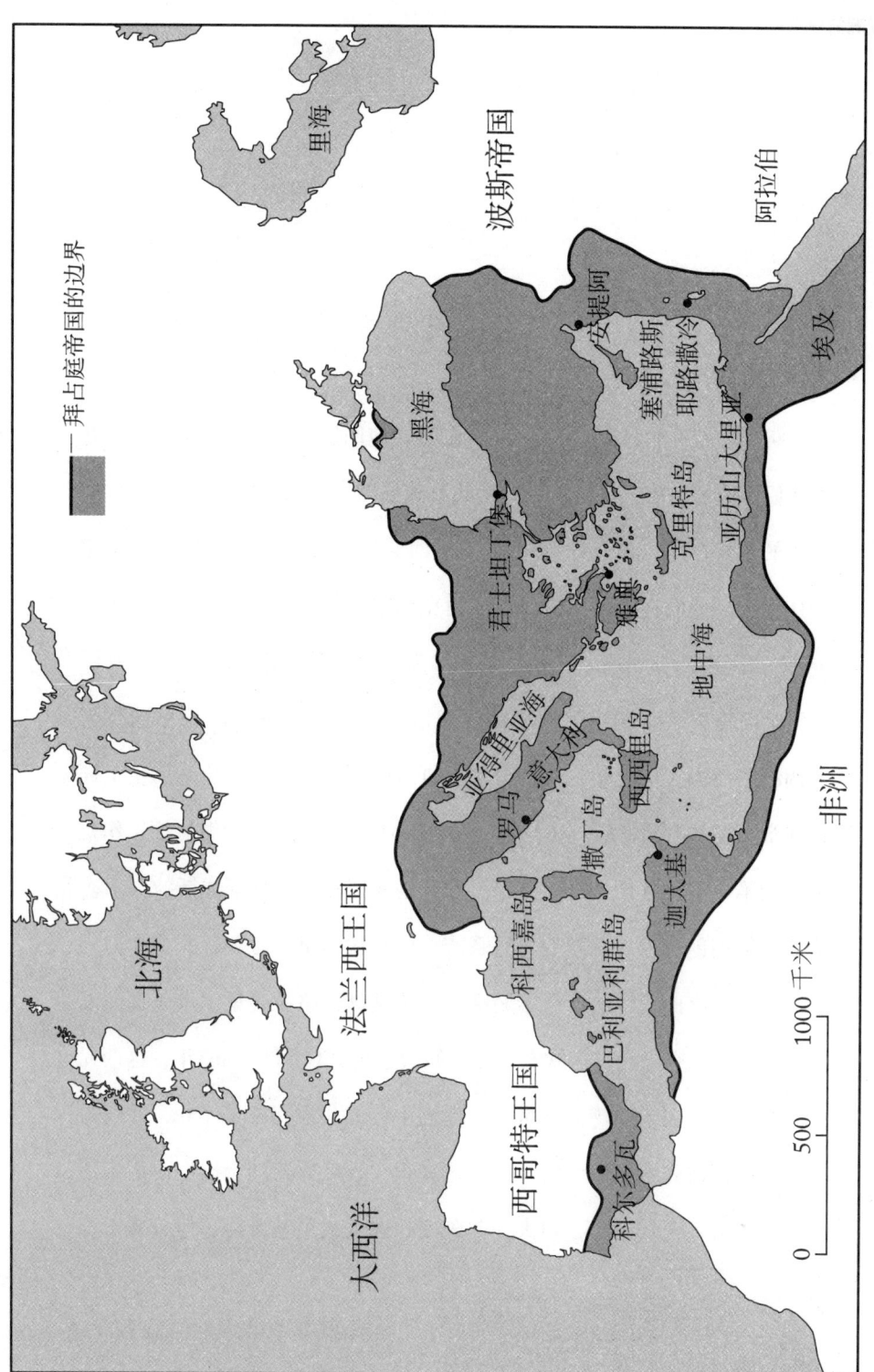

拜占庭帝国（约公元600年）

斯拉夫人

斯拉夫人可能起源于东欧，6世纪时，他们迁徙到了周边地区。一开始他们形成了部落，之后组织成了几个独立的王国和公国①。按照语言和文化的差异，斯拉夫人分为3个分支。西斯拉夫人定居在中欧，从8世纪到10世纪，他们在现今斯洛伐克、捷克和波兰建立了国家。南斯拉夫人分布在现今俄罗斯西部、白俄罗斯和乌克兰的广大地区。

对斯拉夫人影响最大的要数西里尔（约827—869）和梅多迪乌斯（约815—884）两兄弟，他们分别为哲学教授和修道院院长，出生于拜占庭帝国控制下的希腊。862年，他们受命前往斯拉夫人中做传教工作。他们的第一个任务便是将《圣经》和其他基督教经文翻译成斯拉夫语。为此，他们创造了一套新的书写系统，即格拉哥里字母表，这是专门为翻译斯拉夫语而设计的。以希腊字母表为基础，格拉哥里字母表进而发展成了西里尔字母表，东欧至今仍在使用这套书写系统。863年，这两兄弟开始在斯拉夫人中传播基督教，他们十分成功地完成了任务，并获得了教皇和拜占庭帝国皇帝的认可。这在很大程度要归功于他们使用当地的方言传教。到10世纪，很大一部分斯拉夫人成了基督徒，但分属于不

---

① 王国下面的封建自治国家。

同的教会分支。西斯拉夫人普遍信仰罗马天主教，南斯拉夫人和东斯拉夫人则追随东正教①。西里尔和梅多迪乌斯被两个教会都封为圣徒，980年，教皇宣布他们为欧洲的守护圣徒。

阿拉伯人对欧洲的侵略

7世纪初，穆罕默德（约570—632）创立了伊斯兰教，将阿拉伯部落统一在他的领导之下。他死后，一个叫作"四大哈里发"（哈里发为阿拉伯文caliph的音译，意为穆罕默德的继承人）的政体继承了他的统治。在接下来的一个世纪里，哈里发帝国征服了中东、中亚和北非。他们的成功得益于拜占庭帝国和波斯帝国这两个对手互相争战了三十年而变得筋疲力尽。与大多数其他地中海地区的政体相比，哈里发帝国对于其领土之上的其他宗教要宽容得多，它不强迫信徒改变信仰，但会向他们征收人头税。

为争夺穆斯林领导权，哈里发帝国爆发了内战。661年，一个新的家族获得了统治权，建立了倭马亚王朝，他们完成了对北非的征服，将占当地绝大多数人口的基督教信徒渐渐转变为了穆斯林。接着，阿拉伯人

---

① 国际通称"正教会"或"东正教会"，官方名称为"正统大公教会"，与天主教、新教并称基督教三大教派。

转战西哥特人统治的伊比利亚半岛。公元711年，一支倭马亚王朝的军队渡过直布罗陀海峡，进入西班牙南部，击败了所有对手，拿下了西哥特王国的首都托莱多。在二十年里，他们征服了伊比利亚半岛的大多数地区，建立了一个叫作安达卢斯的地区。接下来，他们突袭了比利牛斯山北部。公元732年，倭马亚王朝派出一支大规模远征军进攻法兰克王国，他们在中亚碰上了一支法兰克军队，双方爆发了普瓦提埃战役。法兰克军队在统帅查尔斯·马特尔的指挥下，占据高地，顽强抵抗倭马亚王朝军队的突袭，最终击溃敌人，获得了胜利。

　　一些说法认为，普瓦提埃战役将基督教世界从伊斯兰教的袭击中解救了出来，但其实这次失败只是阿拉伯人停止进攻西欧的部分原因。首先，当时柏柏尔人①在现今的摩洛哥爆发了叛乱，阿拉伯人必须前去镇压。其次，从公元747到750年，哈里发帝国发生了内战，阿拔斯家族推翻了倭马亚王朝。阿拔斯家族定都巴格达，当时那儿是全世界最伟大的学术中心，也是伊斯兰黄金时代②的中心。多亏了巴格达的学者的辛勤工作，成千上万的欧洲经典作品被翻译成了阿拉伯语，因此才得以保存下来。

　　尽管中东动荡不安，但阿拉伯人一直统治着伊比利亚半岛。公元756

---

① 西北非洲的一个说闪含语系柏柏尔语族的民族。并非一个单一的民族，而是众多在文化、政治和经济生活上相似的部落族人的统称。
② 又称伊斯兰教复兴，通常指的是8—13世纪之间的500年。在这段时期，伊斯兰世界的艺术家、科学家和商人辈出，在传统学术的基础上保留并促进了艺术、农业、经济、工业、文学、法律、科学等各方面学科的发展，并在这些方面实施改革创新。

年，一位倭马亚王朝的公主为躲避内战，逃到了伊比利亚半岛，在当地建立了一个独立的酋长国，统治了该半岛的大部分地区。到10世纪，这个酋长国的首都科尔多瓦成了欧洲最大的城市，有将近50万人口。它吸引了众多技艺娴熟的工匠和建筑师，他们从阿拉伯世界带来了新思想和新技术。这里还诞生了两位最伟大的中世纪哲学家：穆斯林阿威罗伊[①]（1126—1198），他对亚里士多德作品的评论重新点燃了当时对亚里士多德的研究热情；迈蒙尼德（1135/1138—1204），他是一位犹太拉比[②]，被视为对犹太法律最有影响力的解说者。

威尼斯共和国

威尼斯位于意大利北部的一个沿海潟湖之中，在五六世纪渐渐发展成为人们逃离日耳曼人和匈人进攻的避难所。8世纪初，威尼斯城选出了一位统治者，他被称为威尼斯公爵[③]，终身任职。威尼斯最初接受拜占庭帝国的统治，于9世纪获得独立。它位于亚得里亚海北端，处于西欧和拜

---

① 常用名为伊本·路西德，阿威罗伊为其拉丁名。
② 犹太人中的一个特殊阶层，主要为有学问的学者，指接受过正规的犹太教育，系统学习过各种犹太教经典作品，担任犹太人社团或犹太教教会的精神领袖，或在犹太经学院中传授犹太教教义的人；同时也是犹太教中负责执行教规、律法以及主持宗教仪式的人。
③ 原文为doge，来自拉丁文dux，意为领导人。

占庭帝国之间，位置优越，渐渐发展成为一个主要的贸易中心。

到11世纪末，威尼斯变得越来越富有和强大。1082年，威尼斯与拜占庭帝国签署了一份合约，同意在拜占庭帝国与诺曼人作战时给予他们援助。威尼斯也因此获得了许多有利可图的好处，包括享有在拜占庭帝国和君士坦丁堡的威尼斯人区域内做贸易免于交税的权利。到13世纪，威尼斯发展成了一个帝国，将爱琴海和爱奥尼亚海的希腊岛屿、亚得里亚海东部的沿海区域及塞浦路斯都囊括在他们的领土之内。15世纪，威尼斯扩张到了意大利大陆上的周边地区，但它在16世纪走向了衰落，失去了大多数海外领地。

威尼斯人的活动范围并不仅限于欧洲。他们将目光投向了更远的远东，积极建立与远东的贸易联结。早在公元前2世纪，一个海陆路线网——丝绸之路，就将欧洲和亚洲连接在了一起。香料、陶器和丝绸等货物被运到西方，纺织品、葡萄酒和贵重的金属被运到了东方。其中最著名的威尼斯商人是马可·波罗（1254—1324），他于1271到1295年间在亚洲旅行，在中国度过了大多数时间。他写了一部名为《马可·波罗游记》的旅行故事集。这本书极其有名，其中记录了一些关于亚洲的财富和奇观的故事，许多欧洲探险家和商人由此受到鼓舞，纷纷前往亚洲旅行。

第二章　中世纪

维京人

公元793年，一群海上的武士洗劫了林迪斯法恩——一个位于英格兰东北部沿海的修道院。这些异教掠夺者就是维京人（也叫诺斯曼人）。他们起源于斯堪的纳维亚半岛，过着家族生活，大多数人都是独立的农民。从9到11世纪，维京人一直在欧洲进行掠夺，最东到达里海，最南到达西班牙，最西到达爱尔兰。维京人的航海和造船技术娴熟，掠夺行动异常迅速，这得益于他们的长船——一种在外海、浅海水域以及河流中都能航行的修长船只。

维京人还开拓了一直延伸到中东的贸易路线。从大约公元900年开始，维京人便迁徙到了其他陆地。一些人往西走，在设得兰群岛[①]、奥克尼群岛[②]、法罗群岛[③]、冰岛、格陵兰岛开拓了殖民地，还在现今加拿大的纽芬兰岛建立了短暂的居民点。

不列颠和爱尔兰是维京人最多的定居地之一。从9世纪后期开始，丹

[①] 位于苏格兰以北210公里，约由100个岛屿组成，现属英国。
[②] 位于苏格兰以北32公里，由70多个岛屿组成，现属英国。
[③] 位于挪威海和北大西洋中间，由18个岛屿组成，现属丹麦。

麦人统治了英格兰北部的大部分地区，直到他们被威塞克斯王国①领导的当地的盎格鲁-撒克逊人赶了出去。1016年，英格兰再次落入维京人的手中。这一次，克努特大帝②（约995—1035）征服了英格兰，将其纳入自己的北海帝国（还包括丹麦、挪威和瑞典的一部分领土）。然而，到1042年，盎格鲁-撒克逊人又重新统治了英格兰。维京人还到达了法国，845年和885到886年间，他们包围了巴黎，10世纪初他们在法国西北部的定居点构成了诺曼底公国的基础。久而久之，维京人慢慢被他们掠夺之地的社会所同化。到12世纪，斯堪的纳维亚半岛的大多数人都皈依了基督教。君主政体取代了旧的酋邦体系，丹麦、挪威和瑞典都建立了王国。

诺曼人③

10世纪初，诺曼人在法国西北部的塞纳河口建立了定居点，以此作为进攻内陆的据点。911年，为了让诺曼人停止掠夺，西法兰克王国的

---

① 中世纪早期英格兰地区的七王国之一。

② 丹麦海盗帝国的国王，使丹麦国势达到了顶峰，1018—1035年在位。同时，他于1014—1035年任英格兰国王，1028—1035年任挪威国王。

③ 指定居在法兰克王国的维京人及其后裔。

加洛林王朝国王同意承认他们的领地为公国。这个地区就是诺曼底，挪威人的领袖罗洛（约860—932）成为诺曼底的第一位公爵。诺曼人与当地人混杂在一起，采用当地人的语言和宗教。虽然他们放弃了海上掠夺，采用骑兵作战，但他们将祖先勇敢的天性、敢于冒险的精神和采用暴力的意愿保留了下来。诺曼人广泛分布于欧洲，他们寻求权力和金钱，有时也在异域称王。

1035年，"私生子"威廉（因为他的父母没结婚，所以他有了这个绰号）（1028—1087）在父亲死后继承了诺曼底公爵之位。由于他太年轻，再加上又是非婚所生，因此引发了一场争夺统治权的继承危机。经过十多年的动乱，威廉巩固了他的统治。当时，诺曼底高度参与英国政治，还与盎格鲁-撒克逊王朝联姻。"忏悔者"爱德华（约1003—1066）死后无嗣，他的远房堂弟威廉声称爱德华曾许诺将英国的王位传给自己。由于一位盎格鲁-撒克逊贵族质疑这一说法，于是威廉便对英格兰发起了进攻，并于1066年在黑斯廷斯战役中打败了他；威廉还平定了当地的叛乱，建造城堡控制乡村地区，以此维护自己的统治。1086年，威廉命人在英国全国范围内进行土地调查，并将调查情况汇编成《末日审判书》，细致地评估他的王国的价值。后来所有的英国君主都是威廉的后裔。

从10世纪末开始，诺曼人在意大利南部就十分活跃，最初他们担任伦巴第人①和拜占庭人的雇佣兵。11世纪初，他们成了当地的领主，赢得

---

① 日耳曼人的一支，起源于斯堪的纳维亚。经过4个世纪的民族迁徙，最终到达并占据了亚平宁半岛，568—774年在意大利统治了伦巴德王国。

了对一些小区域的控制权。从这个立足点开始,一个名叫罗伯特·奎斯卡德的野心勃勃的诺曼探险家(约1015—1085)开拓出了一个伟大的王国。11世纪50年代,他从拜占庭帝国手中夺取了意大利南部的大部分领土,之后他和他的兄弟罗杰(约1031—1101)于1091年征服了阿拉伯人统治下的西西里岛和马耳他岛。在12世纪末之前,他们的继承人一直统治着这些土地。

十字军东征

1094年,拜占庭帝国的皇帝向教皇乌尔班二世(约1035—1099)请求在他们与塞尔柱帝国之间的战争中给予援助,因为塞尔柱帝国的征战阻断了基督徒前往圣地的朝圣路线。乌尔班二世深为所动,于是便在克莱蒙费朗召开了会议,呼吁教徒参与到反对突厥人的斗争中来。成百上千的传教士去往欧洲各地传播这个讯息。作为回报,教会向参加十字军东征的全体人员提供赎罪券(减少他们死后因罪孽而遭受的惩罚)。然而,对于很多人来说,参加十字军东征是出于获得荣耀和财富的野心。

第一批出发的是"平民十字军",这是一支穷酸的军队,大约4万人,大多数人都没有武器和盔甲。他们全靠步行,在安纳托利亚西部遭到了塞尔柱人的伏击,大部分人都被屠杀或者俘虏。"王子十字军"则更有组织,其中有许多有权势的贵族。他们在1096年8月离开欧洲,1097年4月在君士坦丁堡集合。接着,他们朝圣地行军,并于1099年7月夺取了耶路撒冷。之后,他们洗劫了这座城市,屠杀了几万人。

十字军没有将他们征服的领土交给拜占庭帝国,而是建立了他们自己的独立国家(通常被总称为"海外新域")。其中最大的为耶路撒冷王国,但它没能将权力扩展到其他十字军国家,包括埃德萨①、安提阿、的黎波里和西里西亚。海外新域面临穆斯林军队的反攻,同时也稳定地赢回了一些领土。1187年,穆斯林军队的反攻达到了高潮,夺回了耶路撒冷。除了在1229到1244年短暂地重夺了耶路撒冷外,十字军再也没能赢回这座城市。十字军进行了多次东征,试图重新获得对圣地的统治权,但只有第一次最为成功。最后一次主要的东征发生在1271到1272年间,这也是十字军的第9次东征,它在很大程度上是失败的。1291年,穆斯林人夺下了十字军统治下的最后一个主要城市阿卡。1303年,阿瓦德岛——一个沿海的小要塞被穆斯林攻陷,十字军彻底失去了他们在圣地的最后一个立足点。

为了保护在圣地的占领地,十字军创建了多个军事修士会②,其中最具影响力的为创立于1119年的圣殿骑士团。在得到教皇的认可之后,他们很快获得了诸多权力,鼎盛时期拥有大约2万名成员。他们不用受当地的法律管辖,所以也就无须纳税;再加上他们还得到了大量捐赠。此

---

① 今名乌尔法,位于土耳其东南部。

② 基督徒为十字军东征而建立的一系列宗教组织,带有强烈的军事性质。

外，他们还有众多贸易和银行业务，这意味着他们变得越来越富有，也越来越有权势。随着十字军在圣地的领土逐渐缩小，圣殿骑士团的势力也日益衰落，他们逐渐沦落为大家的攻击对象。1307年，法国国王腓力四世（1268—1314）欠了圣殿骑士团一笔钱，他不但没有还钱，还逮捕了法国所有圣殿骑士团成员，没收了他们的财产。1312年，圣殿骑士团被解散。

北方十字军

自从12世纪中期开始，罗马天主教国家一直在与他们东边的波罗的海各国人民、斯拉夫人以及芬兰人作战。1193年，教皇西勒士丁三世（1106—1198）宣布对北欧的异教徒发起十字军战争。这是导致利沃尼亚十字军东征的开端，日耳曼军事骑士修道会、瑞典和丹麦征服了现今爱沙尼亚和拉脱维亚的大部分地区，迫使当地人接受基督教。条顿骑士团是其中最大的日耳曼军事骑士修道会，他们领导了对古普鲁士和立陶宛异教徒的战斗。由于他们享有统治征服之地的权力，于1230年建立了条顿骑士团国，该国领土覆盖了大部分波罗的海地区，且一直存在到1525年。在这段时期内，瑞典征服了异教国家芬兰，并在1809年之前一直维持着对芬兰的统治。从长远来看，北方十字军在建立基督教的统治方面取得的结果比出征圣地更为成功。

蒙古入侵欧洲

1206年，在成吉思汗（1162—1227）的统一领导之下，蒙古人建立了史上领土面积最大的帝国。在赢得了亚洲大部分土地之后，他们准备入侵欧洲。经过十年的情报收集，他们于1236年发起进攻。蒙古帝国首先攻击了俄罗斯人——斯拉夫人的一支（虽然一些资料称他们是维京人的后裔），统治了现今俄罗斯、乌克兰和白俄罗斯的大部分地区——并于1240年洗劫了他们的首都基辅[1]。接着，他们将目标转向了波兰和匈牙利。1241年，蒙古人的领袖窝阔台（约1185—1241）去世，随后他们撤回军队，中止了西进。窝阔台的去世导致蒙古人为争夺可汗[2]之位打了多年内战。之后继位的可汗对亚洲更感兴趣，这也拯救了欧洲大部分地区，使其在未来免于遭受蒙古人的入侵。蒙古人一直统治着俄罗斯，他们将这部分帝国称为钦察汗国，并于1259年将其从蒙古帝国中分裂出来。钦察汗国的统治者将放牧地固定在黑海以北，并没有占领俄罗斯的其他地方。钦察汗国

---

[1] 现为乌克兰首都。
[2] 指古代北亚游牧民族柔然、突厥、吐谷浑、高昌回鹘、铁勒、契丹、蒙古等建立的汗国的最高统治者，后这个称呼流传到中亚、西亚的突厥系国家。

的统治者强迫各个俄罗斯国家向他们进贡,服从他们的权威。蒙古的统治一直维持到15世纪80年代,直到一个名为莫斯科公国的国家的几位王子开始领导人民对蒙古进行反击战。1547年,他们宣布自己为俄国的沙皇。

汉萨同盟

中世纪时,波罗的海成为欧洲主要的贸易航线。最初,人们通过波罗的海,从北欧地区和东欧将盐、金属、谷物、鱼类、木材和皮毛等原材料运输到西欧,在那里交换工业制成品,特别是纺织品。12世纪后半叶,德国的北方城镇一起经营和管理着波罗的海的贸易。到13世纪中期,他们形成了一个名为汉萨同盟①的组织,大约200个城镇成为该同盟的会员,他们依然保持自身的独立,但必须认同一套名为"吕贝克法"(以汉萨同盟的中心城市吕贝克命名)的法律。会员们通过巡查贸易路线、建造灯塔以及建立境外贸易点来互相支持。虽然汉萨同盟垄断了波罗的海,但它并非一个正式的联盟,它没有固定的管理机构或管理人员,会员们每三年才见一次面。从15世纪后半叶开始,随着俄国、波兰

---

① 原文为Hanseatic League,这个词源于德语Hanse,意为行会或公会。

和瑞典变得越来越强大,并宣布经济独立,汉萨同盟的势力逐渐走向了衰落。此外,英国和荷兰的贸易者打入了波罗的海。到了16世纪末,汉萨同盟已经名存实亡,并于1669年召开了最后一次同盟大会。

英法百年战争

12世纪时,英格兰君主占据了法国从诺曼底到比利牛斯山的领土,而法国也宣称他们拥有这些土地的主权,于是导致了英格兰与法国之间关系紧张,双方偶尔爆发战争。13世纪,英格兰丧失了在法国的大部分领土,到1337年,英格兰在法国只剩下阿斯科尼一处领土。那一年,英格兰国王爱德华三世(1312—1377)拒绝服从法国国王腓力六世(1293—1350)的统治,腓力六世则以收回爱德华三世在法国的领土作为回击,战争遂起。一开始,爱德华三世赢得了一系列战争,像克雷西会战(1346年)和普瓦捷会战(1356年)。1360年,法国媾和,承认英格兰国王对他在法国的领土享有自主权(这些领土是英格兰国王在战争过程中占领的)。

1369年,战争再次爆发。在查理五世(1338—约1380)的领导之下,法国收复了失去的领土。英格兰和法国都建立了权力更为集中的政府来收税,为战争中不断增加的巨额开支提供财政支持。巨大的经济损失（战争导致的破坏和死亡）使得两个国家的人口大量减少，1389年，双方休战。英法百年战争的最后一个阶段开始于1415年。因国王查理六世（1368—1422）患有间歇性精神病（他认为自己是玻璃做的），法国陷入动乱。英格兰国王亨利五世（1386/1387—1422）利用法国的混乱，与勃艮第（一个位于现今法国东部的独立公国）结盟，入侵了法国。在赢得了阿金库尔战役之后，亨利五世将英格兰在法国的权力扩大到了前所未有的程度，占领了包括巴黎在内的法国大部分地区。1420年，查理六世被迫剥夺了他的孩子的继承权，并承认亨利五世的儿子将继承法国的王位。两年之后，亨利五世和查理六世先后去世。亨利五世尚在襁褓之中的儿子（1421—1471）被奉为英格兰和法国的国王。许多法国人表示反对，并宣布查理六世的儿子查理七世（1403—1461）为他们真正的国王。于是，查理七世开始试图重新夺回王位，并与一个令大家出乎意料的人——贞德结盟。

奥斯曼人的崛起与君士坦丁堡的陷落

奥斯曼人是一支信仰伊斯兰教的突厥人,在蒙古人的进犯之下被迫迁徙到了安纳托利亚。他们的王朝创立者为苏丹奥斯曼一世(约1258—1326),他创建了一个小王国,他的后裔将其变成了一个领土跨越多个大陆的帝国,这个帝国一直存在到1923年。奥斯曼人首先征服了小亚细亚,接着进军巴尔干半岛和北非。尽管他们非常成功,但还是没能从拜占庭帝国手中夺下君士坦丁堡。君士坦丁堡的三道石墙帮助它在1411年和1422年抵挡住了奥斯曼人的围攻。1453年春,穆罕默德二世(1432—1481)卷土重来,这次他带来了一支舰队和一支拥有75000名士兵的军队,以及多门火炮,而君士坦丁堡只有8000名驻军。尽管人数远不及奥斯曼人,但防守君士坦丁堡的士兵一直坚持到了5月29日。那一天,穆罕默德二世发起了大规模进攻,最终突破了三道石墙。拜占庭帝国的最后一位皇帝君士坦丁十一世(1405—1453)在反击的过程中被杀。然后,奥斯曼人洗劫了这座城市,穆罕默德二世将其更名为伊斯坦布尔,并定为都城。失去了"新罗马"①对于基督教来说是个巨大的损失,这也使得奥斯曼人向欧洲又迈近了一步。

---

① 君士坦丁一世对君士坦丁堡的称呼。

贞德（约1412—1431）

贞德是一个出身于农民家庭的少女，她受到了神的启示，要求她助查理七世一臂之力。1428年，英格兰人开始围攻法国中北部的奥尔良。如果奥尔良落入英格兰手中，那么将为他们征服整个法国铺平道路。1429年，贞德率领一支救援军队到达奥尔良，攻破了英军的围困，并将他们赶走。这改变了战争的走向，推动了查理七世对王位的争夺。1430年，贞德被勃艮第军队所俘，随后被交给了英格兰人。在接受了一场荒唐腐败的审讯之后，她被认为犯有异端邪说罪，并被判处火刑。虽然失去了贞德，但法国人还是逐步赶走了英格兰人。1453年，战争结束，英格兰人失去了在法国的所有领土，只留有法国北部的加莱周边的一小部分土地。

第三章
启蒙运动

印刷革命

  印刷术并不是在欧洲发明的。从3世纪开始，中国人就用木块在丝绸上印刷，11世纪已经开始大量使用纸，到了大约1040年，中国人发明了活版印刷。所有这些技术都在1300年左右传入欧洲，但当时印刷出来的书依然很贵，因为它们必须依赖手工生产和复印。这一状况能得以改变，要感谢德国的金属工匠约翰内斯·古登堡（约1398—1468）。他将早期的创新和自己的发明结合起来：用一种新的金属合金制作出了更便宜和更耐用的活版；在金属活版上涂上一种油性墨水，然后再将活版压制到纸上；他还制造出了一种能提供均匀压力的印刷机，这样印刷出来的字迹更加清晰。经过多年的实验之后，古登堡的位于美因茨的印刷厂于1450年开始运转。他的代表作是其印刷的《圣经》（以4世纪的一个拉丁文翻译版本为基础）。《古登堡圣经》直到1455年才印刷完成，这是一个美学和技术上的奇迹,现在只保留下来21本。当时,古登堡面临着法律上的一些纠纷,经济上也陷入了困境。由于他的债务日益加重,法庭命令他将工作坊和材料移交给他的主要投资人。古登堡继续以印刷工人的身份工作,并最终在1465年因他的作品而得到认可,美因茨大主教还为他提供了一份年薪。

我们无法估量古登堡印刷机带来的影响。它使印刷走向机械化,这样制作出来的书籍让更多人负担得起,这也预示着大众传播时代的来临。古登堡印刷机一天能印刷3600页,这种新发明迅速传遍了欧洲。到1500年,人们已经用这种方法印刷出了超过2000万本书籍,信息、思想和技术得到了迅速和准确的分享。

阿拉贡国王费尔南多二世(1452—1516)和卡斯提尔女王伊莎贝拉一世(1451—1504)

1469年,卡斯提尔王国[①]王位继承人伊莎贝拉和阿拉贡王国[②]王位继承人费尔南多,在巴利亚多利德成婚。这为西班牙最终统一成为单一的王国铺平了道路。结婚后5年,伊莎贝拉成为卡斯提尔王国的女王,为

---

① 中世纪伊比利亚半岛上的一个王国。

② 1035—1707年伊比利亚半岛东北部阿拉贡地区的封建王国。

了巩固统治,她发动了一场内战并打败了反对者。1475年,费尔南多登上了阿拉贡王国(也统治着西西里岛)的王位,他的继位之路则更为顺利。费尔南多和伊莎贝拉都坐上王位之后,为了巩固王权(虽然在法律层面上,卡斯提尔和阿拉贡基本上都是独立的王国),他们开始实施国内改革计划。1478年,他们还设立了西班牙宗教裁判所①,保证国王的人民信奉天主教。从1481到1492年,费尔南多和伊莎贝拉征服了西班牙最后一个穆斯林飞地②——格拉纳达王国。之后不久,该王国的犹太人和穆斯林便被迫在皈依天主教和被驱逐出境中做出选择。成千上万的人被迫离开西班牙,那些皈依天主教的人则要面临宗教裁判所的猜疑和迫害。而在国外,哥伦布③航行到了美洲,他宣称那里是卡斯提尔王国的领土,这为西班牙在新世界④建立帝国奠定了基础。1504年,费尔南多征服了那不勒斯王国,由此掌控了意大利南部的大部分地区,扩大了阿拉贡王国的疆域。此前,教皇认可了他们的功绩,于1494年授予费尔南多和伊莎贝拉"天主教双王"的头衔。

---

① 用以维护天主教的正统地位,以残酷手段惩罚异端分子。从1483—1820年间,共有38万人被裁定为异端,约10万人被处以火刑。于19世纪被取消。

② 指隶属于某一行政区,但不与该行政区毗邻的土地。

③ 全名为克里斯托弗·哥伦布(1452—1506),意大利探险家、殖民者、航海家。在西班牙王室的支持下,先后4次出海远航,开辟了从欧洲横渡大西洋到达美洲的航线,发现了新大陆。

④ 指美洲。

文艺复兴

复兴意为"重生",文艺复兴是指从14世纪后半叶到17世纪的一段艺术和知识领域充满创造力的时期。人们重拾对从绘画、雕塑、建筑到哲学和历史等一系列领域内的经典思想、艺术和技术的兴趣。欧洲的贵族阶级和王室成员意识到,有名望的赞助人可以支持和帮助思想家和艺术家完成他们的作品。文艺复兴时期最重要的赞助人是天主教会,他们委托艺术家们创作了无数艺术品和建筑作品。

文艺复兴最初在意大利兴起。当时,意大利并不是一个统一的国家,而是有着多个独立的国家和城市。精英阶级争相通过赞助来彰显自己的名望,他们之间激烈的竞争刺激了艺术的进步。由于意大利是欧洲城市化程度最高的地区之一,而且还是欧洲的商业中心,所以那里有众多富裕的家族能为艺术家和思想家提供资金支持。

艺术家开始以一种更为现实的风格描绘人物,他们观察人体,以便更为精确地刻画出人体的姿态和情绪。雕塑作品变得更为逼真,特别是

第三章　启蒙运动

多纳泰罗[①]（约1386—1466）和米开朗琪罗[②]（1475—1564）的作品。文艺复兴时期的建筑家和工程师，为了模仿古代建筑而去研究它们的遗址。圆顶和经典的立柱变得流行起来，这一时期的建筑注重对称和平衡。文艺复兴时期的建筑中，最著名的是罗马的圣彼得大教堂，它是一个巨大的天主教朝圣中心，始建于1506年，花了120年的时间才建成，直到现在它依然是世界上最大的教堂。

要说文艺复兴的精神化身，那必定是列奥纳多·达·芬奇（1452—1519）。他出生在佛罗伦萨附近，是绘画、数学、解剖学和工程学等众多领域中的大师。他一生之中的大部分时间都在意大利度过，辗转生活在佛罗伦萨、博洛尼亚、威尼斯、米兰和罗马这几个城市。从1495到1498年，他创作了自己最著名的杰作之一——《最后的晚餐》，这是为米兰的一个女修道院创作的一幅壁画。作为一位宫廷艺术家，他的工作包括设计建筑、为工程和军事项目提供咨询。他在笔记本中绘制了一顶降落伞、一架直升机，甚至还有一辆坦克的原型设计草图。他还学习了解剖学——他出版的人体素描在细节和准确性上具有开创性。大约在1503年，达·芬奇开始创作《蒙娜丽莎》，它被认为是世界上最昂贵的画，也许直到1517年才完成。当时，达·芬奇在法兰西国王弗朗索瓦一世

---

① 意大利文艺复兴时期的雕塑家、画家，代表作《大卫》是第一件复兴了古代裸体雕像传统的作品。
② 意大利文艺复兴时期的画家、雕塑家、建筑家和诗人，文艺复兴时期雕塑艺术最高峰的代表人物，与拉斐尔和达·芬奇并称为文艺复兴后三杰，代表作《大卫》《创世纪》等。

（1494—1547）的邀请下搬到了法国，国王还授予他"国王的首席画师、建筑家和工程师"的头衔，让他完全自由地参与任何他感兴趣的工作。

到1500年，文艺复兴已经从意大利传遍了欧洲其他地区，阿尔卑斯山北部发生的文艺复兴运动被称为北方文艺复兴。低地国家——像在布鲁日和安特卫普这样的主要贸易城市——有许多富有的商人，他们有能力委托别人创作艺术作品。一开始，比较常见的艺术作品是对宗教场景的描绘，渐渐地，描绘日常生活场景和风景的作品变得更加受欢迎。这个地区的艺术家们开创并掌握了油画颜料的使用，使得他们能够用鲜艳的颜色描绘出细致且纹理丰富的场景。在德意志，艺术家们则大多创作木刻版画和雕版画。阿尔布雷特·丢勒（1471—1528）是运用这种技术的大师，也因此成了欧洲最著名的艺术家之一。北方文艺复兴还对法兰西、英格兰、苏格兰和波兰有着重大影响。

文艺复兴人文主义

在经典思想家的启发之下，人文主义者认为人们必须学习众多学科，不仅要学习宗教学，还要学习修辞学、历史、哲学和诗歌。他们认为这样一来，社会风气和私人道德都会得到提升，还能鼓励人们行善。文艺复兴的人文主义者对宗教信仰具有很大的影响力,他们批判了天主教中盛行的滥用职权和腐败现象。人文主义者的核心理念是学习准确的原始文本,破除迷信。这促进了《圣经》和其他宗教作品的版本改良,包括从1501到1517年间,在西班牙枢机主教弗朗西斯科·希梅内斯·德·西斯内罗斯(1436—1517)的赞助下,首次印刷了《多语圣经》,同一页上呈现了希腊语、拉丁语、希伯来语和阿拉米语文本。

最具影响力的人文主义者是德西德里乌斯·伊拉斯谟(1466—1536)。他接受了神父培训,也受任了教职,但却未遵循自己的誓言成为一名神父,而是选择了追求知识。他游历欧洲,在巴黎大学、剑桥大学和鲁汶大学学习和演讲。也许伊拉斯谟最大的成就便是将《新约》翻译成了希腊文,并于1516年出版。这一版本比之前的版本更为准确,也为日后将《圣经》翻译成白话文奠定了基础。伊拉斯谟在瑞士巴塞尔去世,那时宗教改革已经开始。虽然宗教改革是受到了他的启发,但他始终忠于天主教会,并一直在其内部寻求变革。

发现之旅

与文艺复兴同一时期,欧洲还存在一股探索新大陆以及填补古地理文本和地图的动力。虽然西欧国家确实想增强他们的政治力量以及传播基督教，但最大的动力还是经济。欧洲强国想开拓去往亚洲（丝绸和香料等奢侈品的来源）和西非（为了获得金子、象牙和奴隶）的新路线。在15世纪后半叶之前，前往这两个地区必须走陆路，于是欧洲人便想开拓能直接到达这两个地区的海上线路。葡萄牙是第一个为洲际航行提供资助的欧洲国家。它一开始先是探索去北非的海上航线，之后才去探索前往西非沿岸的航线，用枪和纺织品在当地交换黄金和奴隶。以此为基础，葡萄牙试图开辟一条去亚洲的海上航线。瓦斯科·达·伽马（约1460—1524）完成了这一壮举。1497年，他从葡萄牙出发，绕过南非，于1499年到达了印度。

1492年8月，克里斯托弗·哥伦布（约1452—1506）——一个为西班牙效劳的热那亚船长——开始了一段史上最具影响力的旅程。他没有向东航行到亚洲，而是向西到达了加勒比。同年10月，他在现今的巴哈马群岛登上了陆地。哥伦布认为他到达了亚洲（因此，他将当地的土著叫作"印第安人"），后来，他又两次回到那里，带着西班牙人一起到当地定居，建立殖民地。葡萄牙和西班牙根据《托尔德西里亚斯条约》（1494年）划分了"新世界"。这个条约设立了一条界线，界线以西为西班牙的领土，界线以东为葡萄牙的领土（这样一来他们就获得了巴西，但当时欧洲人还不知道这一点）。这个条约导致西班牙和葡萄牙瓜分了南非洲的大部分地区，但它在很大程度上被无视了，法兰西、荷兰共和国和英格兰都在抢夺对北美洲和加勒比海地区的控制权。

从1519到1522年，欧洲人完成了首次环球航行。这次航行得到了西班牙人的资助,由葡萄牙探险家斐迪南·麦哲伦(约1480—1521)领导。但麦哲伦没能完成这次旅行,他于1521年在菲律宾的一场战斗中被杀死。这次探险开辟了一条从美洲穿越太平洋到达亚洲的海上航线。在接下来的4个世纪中,欧洲强国绘制了海洋地图,建立了殖民政体,通常对原住民造成了很大的伤害。这些原住民往往会受到剥削和奴役,或者死于西方的武器和疾病。

宗教改革

对于基督徒来说,没有什么比进入天堂、避免进入地狱更重要。天主教会认为,唯一的救赎之路是通过他们掌管的神职人员的引导和参加圣礼(特别是洗礼、圣餐礼、忏悔和临终圣礼)。在升入天堂之前,大多数灵魂都得在炼狱中待上一段时间,他们的罪能在那里得到净化。他们可能要在炼狱中度过好几个世纪,不过能通过善行、募捐和祈祷来缩短这段时间。活着的人可以购买"赎罪券",这能帮他们或其他人缩短在炼狱中所待的时间。德国修士约翰·台彻尔(1465—1519)是最臭名昭著的赎罪券兜售者。从1516到1517年,他在德国境内旅行,兜售赎罪券,他的这一行为激怒了一位在维滕贝格大学教授宗教学的修道士——马丁·路德(1483—1546)。

1517年10月31日，马丁·路德写了《九十五条论纲》，抨击了兜售赎罪券的行为，论证了赎罪券并非一种有效地获得救赎的凭证。这份文件迅速在德国和欧洲其他地区传播开来。这是路德第一次与天主教会发生分歧，这将导致教会产生永久性的分裂。路德提出了三个主要观点，这导致他与教皇制度产生了矛盾：唯独信心（人只能靠信仰得到拯救）、唯独《圣经》（《圣经》是唯一的权威）和唯独恩典（只有上帝才能提供救赎）。此外，1519年，路德宣称教皇和教会并不是绝对可靠的。路德认为普通人和神职人员都可以直接与上帝产生联系（即"信徒皆祭司"）。为了达到这个目的，他要求在宗教仪式中使用当地的语言（而非拉丁语）以及将《圣经》翻译成当地的语言。

教皇利奥十世（1475—1521）勒令路德放弃他的观点，但路德拒绝了，于是在1521年，他受到了绝罚[①]。教皇宣布开除路德的教籍，但他受到了当地统治者撒克逊选侯腓特烈三世（1463—1525）的保护，安全地隐居在瓦尔特堡[②]。期间，路德将《圣经》和许多宗教小册子翻译成了德文。越来越多的人开始支持他的改革要求，质疑天主教会的教诲。虽然路德挑战了基督教会的权威，但我们不能将他误认为一个政治激进分子。当德国农民战争（1524—1525）——一场群众起义爆发时，路德还

---

① 教会制裁的一种形式，对于神职人员和教徒来说是个重大处分。制裁内容是将某人从信徒团契中排除出去，不允许他参加教会的圣礼，剥夺他作为教会成员的权利。
② 位于德国图林根州的阿尔卑斯山上的一座中世纪城堡。始建于1067年，是目前欧洲保存最完整的中世纪城堡之一，现为世界文化遗产。

对此表示谴责,他认为人民应服从世俗的封建领主。因此,他赢得了德意志统治者的支持,他们中的许多人开始追随他的新信仰。1529年,信奉路德教的诸侯发表了一份声明,对宣称路德的作品为异端邪说的敕令表示抗议。从那时起,改革宗教①信仰的追随者便被称为新教徒。到了16世纪20、30年代,许多德意志城市和国家通过法律,要求所有宗教仪式都必须按照新教徒的方法来执行。

瑞士是宗教改革的一个重要的中心。约翰·加尔文(1509—1564)是其中的关键人物。他是法国人,在皈依新教之后逃离了家乡。他在日内瓦避难,于1536年出版了《基督教要义》,该书陈述了新教的教义及核心教条。加尔文最主要的观点是先定论,他认为上帝已经决定了谁能得救、谁要接受惩罚。"上帝的选民"不论行为如何,都注定会得到拯救,会在天堂中得到永生。加尔文成为日内瓦的领袖人物,其严格的道德规范成为当地的管理法律。在他的领导下,日内瓦成了"新教徒的罗马",为那些逃避迫害的人提供庇护。日内瓦还培训传教士,派他们到欧洲各地传播教义——他们在法国、苏格兰和尼德兰的传教尤其成功。

天主教会动员大家反对新教。从1545到1563年,罗马教廷在意大利北部的特伦托召开了一个宗教会议,进行了关于教条和改革的辩论。这次会议规定了《圣经》的官方版本必须是拉丁文,只有教会可以解释经文,人只能靠信仰和善行得到拯救。圣人、圣母玛利亚、圣物崇拜、赎罪券和圣餐礼都被保留了下来。1565年,《特伦托会议信

---

① 又称大陆改革派教会,起源于欧洲大陆,是欧洲国家宗教改革之后的产物。

纲》制定了一篇新的天主教信经，创造了一套新的礼拜仪式，这套仪式一直使用到20世纪60年代。罗马主张教士应得到更好的培训，并开设了新的神学院，还成立了新的宗教团体。耶稣会就是其中最有成效的一个，它于1540年由西班牙军人依纳爵·罗耀拉（约1491—1556）创立。耶稣会会士要接受严格的教育，要以传教士、政治顾问和教师等身份积极传教。新教做礼拜的场所十分朴素，而天主教堂则会进行装饰，美术作品和建筑采用华丽的巴洛克风格[①]，运用大量装饰和极度逼真的细节，鼓励宗教奉献。

宗教改革导致西欧产生了永久性的宗教分歧。新教成了英格兰、苏格兰、斯堪的纳维亚、尼德兰、瑞士大部分地区以及神圣罗马帝国的主要宗教。

---

① 1600—1750年间欧洲盛行的一种艺术风格。产生于反宗教改革时期的意大利，先在欧洲信奉天主教的大部分地区发展起来，之后随着天主教的传播，影响远及拉美和亚洲地区。特点是崇尚豪华和气派，注重强烈的感情表现，打破了文艺复兴时期的严肃、含蓄和均衡。

哈布斯堡帝国

　　1276年，哈布斯堡家族成为奥地利的统治者，其中部分原因要归功于他们通过一系列王室之间的联姻扩大了自己的王国，将勃艮第、波希米亚、低地国家和匈牙利都囊括在内。1452年，一位哈布斯堡家族成员首次被选为神圣罗马帝国皇帝，此后，该家族一直把持着这个位子，直到1806年。1496年，一位哈布斯堡家族的皇子——腓力四世（1478—1506）与卡斯提尔王国的胡安娜（1479—1555）——西班牙王位的继承人成婚。1519年，他们的长子查理五世（1500—1558）被选为神圣罗马帝国皇帝，继承了哈布斯堡帝国的土地与西班牙及其在意大利、亚洲和美洲的领土。查理五世面临的战争不断：他与法国作战，争夺对意大利的控制权；阻止了奥斯曼帝国对中欧的入侵。作为一位虔诚的天主教徒，他反对在神圣罗马帝国内进行宗教改革，还通过战争抑制了想获得更多独立权的地方统治者。

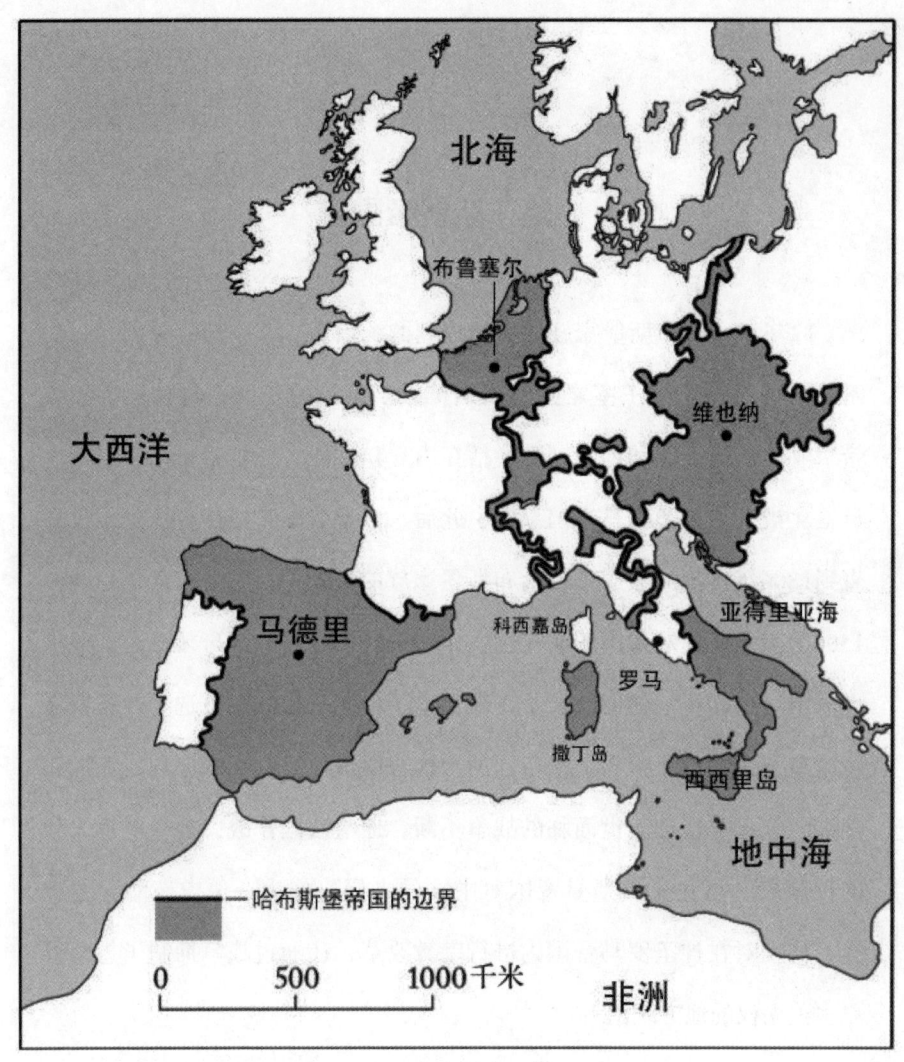

查理五世统治之下的哈布斯堡帝国（约1550年）

经过多年的紧张局势之后，哈布斯堡帝国在1547到1548年陷入了战争。虽然查理五世一开始打败了一个新教徒联盟，但这次的胜利十分短

第三章　启蒙运动

暂。1552年，另一个德意志新教徒贵族联盟在法国的支持下打败了他。3年后，他同意签订《奥格斯堡宗教和约》。该和约确立了"教随国定"（在谁的王国内就信仰谁的宗教）的原则，这意味着地方统治者可以自由选择各自国家的宗教（可以是天主教或路德教）。

辛勤工作了几十年之后，查理五世筋疲力尽，于1554到1556年间放弃了各种头衔，退休之后在西班牙的一个修道院中安度晚年。鉴于要统治这么大一个帝国压力太大，他将帝国一分为二，将西班牙及其海外领土和低地国家交由儿子菲利普二世（1527—1598）统治，将中欧和西欧的领土以及神圣罗马皇帝的头衔传给了弟弟斐迪南一世（1503—1564）。这个做法将哈布斯堡王国永久性地分裂为西班牙和奥地利两个分支。

俄国的崛起

从13世纪后半叶到14世纪，莫斯科大公国的领土面积越来越大，重要性也日益凸显。它的统治者击退了蒙古的钦察汗国，莫斯科大公国从此成为俄国的主导力量。1462年，伊凡三世（1440—1505）即位，史称"伊凡大帝"，他吞并了现在的俄罗斯西部以及乌克兰、波兰和立陶宛，为建立一个中央集权制国家奠定了基础。他的孙子伊凡四世（1530—1584）——通常在西方被称为"恐怖的伊凡"——继续开展这项工作。伊凡四世年仅3岁便即位，于1547年加冕为"全俄沙皇"①，在他的王朝中他是首位使用这个头衔的皇帝。他运用智慧和暴力进行统治。在他的统治下，俄国发展得更为强大，沙皇的权力也进一步增强。

1613—1917年间统治俄国的罗曼诺夫王朝，将这个国家变成了一个主要强国。该王朝中最伟大的人物是彼得大帝（1672—1725），他在1682到1696年与其异母兄长伊凡五世（1666—1696）共同统治国家。独自执掌大权之后，彼得花了18个月的时间游历欧洲。回国之后，他决心在俄国推行现代化改革，并聘请了大批外国专家帮助他实施这一计划。1703年，他建立了一个俯瞰波罗的海的新城市——圣彼得堡，并于1710年将其定为首都。他限制俄国教会和贵族的权力。在他的统治之下，一个人的社会地位基于其对皇帝所做的贡献，而非他的出身。那些反对他的改革的人都显然惨遭镇压，就连那些拒绝剪掉长胡子的朝臣最后都被彼得剪掉了胡子。俄国在军队中推行现代化改革，由此打败了周边的强国，如瑞典和奥斯曼帝国。在他去世的4年前，彼得授予了自己及继承人一个新的头衔——"全俄皇帝"。

---

① 原文为Tsar of All the Russias，Tsar意为沙皇，源自拉丁语Caesar。

欧洲的贸易公司

　　16、17世纪，许多欧洲国家都在海外成立了贸易公司，以此鼓励海外经济活动。这些举措的目的是为他们国家的制造业获得新的市场，但这些国家最初的目的其实是掌控获得境外商品，比如人们在咖啡馆中消费的茶叶、咖啡、巧克力和烟草的途径。当时，欧洲的城市中出现了众多咖啡馆，这些地方逐渐成为人们交流观点和交换信息的重要场所。

　　一些贸易公司凭借自身的实力成为一股强大的力量，甚至在海外领土上扮演了当地的统治者的角色。它们从各自国家的政府（通常会给予它们垄断权）那儿获得许可，但在经营时通常享有高度的独立性，因为市民对这些公司进行投资，购买它们的股票，从而为其提供了大部分资金来源。新大陆的英国商人冒险家公司（后更名为莫斯科威公司）就是其中一家最早的"联合股份公司"之一，它成立于1553年，主要与俄罗斯和波斯做生意。

　　分别成立于1600年和1602年的英国东印度公司和荷兰东印度公司是两家实力最强大的贸易公司。它们互相争夺有利可图的远东市场——丝绸、染料、香料、茶叶、鸦片和瓷器等货物的来源地——的支配地位，这种竞争偶尔还会演变成公开的战争。它们的活动为英国和荷兰后来分别在印度次大陆①和印度尼西亚的殖民统治奠定了基础。奥地利人、丹麦人、法国人、葡萄牙人和瑞典人都在东印度②成立了自己的贸易公司，但这些公司都远远不及荷兰和英国公司的规模。欧洲国家对利益和权力的追求并不仅限于亚洲，他们还特意在北美洲、加勒比海地区和非洲成立了贸易公司。

三十年战争（1618—1648）

在1555年之后的几十年间，虽然宗教紧张局势依然存在，但神圣罗马帝国内部基本上处于和平状态。哈布斯堡王朝统治下的波希米亚（哈布斯堡王朝曾慷慨地允许那儿的胡斯教徒③和新教徒享有信仰自由）再次爆发了冲突。1618年，哈布斯堡王朝开始限制波希米亚人的宗教和政治

---

① 也称南亚次大陆、印巴次大陆，为亚洲大陆的南延部分，指喜马拉雅山以南的一大片半岛形的陆地。

② 与"西印度"相对的名称。1492年，哥伦布到达美洲，将其误认为印度。之后，欧洲殖民者便将南北美洲大陆之间的群岛称为西印度，而将亚洲南部的印度和马来群岛称为东印度。

③ 指捷克哲学家、宗教改革家扬·胡斯（1369—1415）的追随者。15世纪初，胡斯在捷克掀起了反对教皇和德意志天主教会的改革运动，后被教皇和德皇处以火刑。胡斯因献身教会改革和捷克民族大义而殉道，吸引了一大批追随者。

自由，结果波希米亚的新教徒将哈布斯堡王朝的3名使节从布拉格城堡的一扇窗户中扔了出去。波希米亚爆发起义，并拥护德意志的一位新教贵族——普法尔茨选帝侯①腓特烈五世（1596—1632）当他们的皇帝。战争席卷了整个哈布斯堡帝国。1620年，第一场重要的战役在白山②爆发，皇帝的一支军队打败了反叛者，攻占了布拉格，腓特烈五世被迫逃亡美因茨。结果，到17世纪20年代，天主教力量控制了战局。

最初，冲突主要发生在新教和神圣罗马帝国的天主教国家之间，但紧接着外国势力很快介入。从一开始，西班牙人就表示支持他们在奥地利的哈布斯堡家族的表亲，而英格兰、苏格兰和荷兰共和国在17世纪20年代则全部支持新教徒那一方。最重要的外国介入势力是瑞典（也统治了芬兰）。17世纪早期，通过与波兰-立陶宛联邦和俄罗斯作战，瑞典在波罗的海地区开创了一个帝国。由于建立了一个相对来说高度中央集权的国家，瑞典获益良多，他们还拥有强大的税收体制和征兵能力。1630年，瑞典国王古斯塔夫二世·阿道夫（1594—1632）入侵德意志。他被尊称为"北方雄狮"，帮助新教徒反败为胜。他的军队（还包括雇佣兵）纪律严明，特点是步兵与骑兵和炮兵相结合。古斯塔夫从波罗的海地区入侵巴伐利亚，于1631年在那儿赢得了布莱登菲尔德会战。第二年，他在领军参加吕岑会战时战死，但瑞典军队依然取得了这次战役的

---

① 选帝侯为德国历史上的一种特殊现象，指那些拥有选举"罗马人的皇帝"的权利的诸侯，即德意志诸侯中有权选举神圣罗马皇帝的诸侯。

② 位于捷克布拉格附近。

胜利。从此，新教徒失去了他们最活跃的领导人。古斯塔夫死后，法国于1625年正式参战支持新教徒，还为瑞典提供财政支持，所以瑞典军队还能继续作战。法国这么做是因为担心如果哈布斯堡王朝获胜，他们将身陷敌对势力的包围。法国还支持了加泰罗尼亚和葡萄牙的反西班牙起义。虽然加泰罗尼亚没能摆脱西班牙的统治（自从1580年开始，西班牙便统一了加泰罗尼亚），但葡萄牙在1640年重新获得了独立。

1646年，双方开始诚挚地进行和平谈判，谈判地点在德意志西北部的威斯特伐利亚地区，该地区在战时宣布为中立区。超过100个国家派代表进行了两年的谈判，最终签订了《威斯特伐利亚和约》（虽然西班牙和法国之间的战争一直持续到1659年）。该和约由3个独立的条约组成，内容包括：西班牙正式承认荷兰共和国的独立；瑞典获得了一笔赔款，并确立了其在波罗的海地区的领土；最重要的是，该和约试图稳定神圣罗马帝国，即和约承认当地的统治者可以对他们的领土实行内部自治；给予了基督徒在神圣罗马帝国内的宗教信仰自由，声明新教徒和天主教徒在法律面前地位平等。

大西洋奴隶贸易

自从8世纪以来,穆斯林商人就开始将非洲奴隶卖到地中海地区和亚洲。15世纪中期之后,欧洲人开始参与非洲奴隶贸易,奴隶贸易的规模由此大增,他们还将关注点转向了大西洋地区。最早的欧洲奴隶贸易商人是葡萄牙人,后来西班牙人、英国人、法国人和荷兰人也参与进来。奴隶主要被送到美洲的种植园中劳作,甘蔗则是他们被迫种植的最重要的作物,此外,棉花、靛蓝、烟草和咖啡也很重要。奴隶在横渡大西洋的过程中遭受了残酷和不人道的对待,1200万的非洲奴隶中有将近三分之一死于到达美洲之前的航程中。在18世纪80年代奴隶贸易的高峰时期,每年有将近9万名奴隶被运到大西洋对岸。奴隶起义和反抗十分普遍,但往往他们会遭受暴力和残酷的惩罚。到18世纪,废奴运动的影响力越来越大,其中许多运动都开始质疑奴隶制的道德性与合法性。1792年,丹麦成为第一个禁止奴隶贸易的欧洲国家,但相关法律直到1803年才开始生效。其他国家紧随其后,英国在1807年开始禁止奴隶贸易,西班牙在1811年,荷兰在1814年。然而,直到19世纪中期,欧洲大国才开始在他们的海外帝国中完全废除奴隶制,这一进程于1834年从英国首先开始。

法国的路易十四(1638—1715)

路易十三(1601—1643)死后,他年仅4岁的儿子路易十四继承了王位。由于路易十四太过年幼,于是他父亲的首席大臣、出生于意大利的红衣主教马扎然(1602—1661)便代他统治国家。马扎然死后,路易十四独立执掌了统治权,建立了一个绝对君权体制,凡尔赛宫是他的权威象征。1682年,路易十四将宫廷搬到了这里。凡尔赛宫曾是一座狩猎行宫,路易十四将它扩建成了一系列建筑群,内有众多房屋和花园。中央的花园和国王的房间是其中最重要的部分,只有最受国王喜爱的人才能够进入。凡尔赛宫是法国的权力中心、高级政府机关所在地,皇室和贵族成员都在这里消磨时间。路易十四自号"太阳王",他将自己的权力、才华和中心地位都反映在了对国家的治理之中。

科学革命

近代初期,近代科学开始形成,为我们改变理解自然世界和宇宙的方式奠定了基础。这个过程叫作科学革命，发生在17—18世纪。它的一个重要特点是科学方法的运用，人们开始用系统性的实验和观察来研究世界。英国哲学家和政治家弗朗西斯·培根（1561—1626）鼓励经验主义精神，他认为知识只能通过观察获得。后来，法国哲学家勒内·笛卡儿（1596—1650）主张理性对理解世界至关重要。技术创新对科学研究有着很大帮助，比如复式显微镜，以及影响力越来越大的望远镜，使得人们能以更"近"的距离观察天空。随着人体越来越广泛地应用于解剖，医学知识也得到了很大的发展。

在科学革命中，人类对于自身在宇宙中位置的理解方式发生了彻底的改变。传统天文学以地心说为基础，认为地球是宇宙的中心，太阳和其他行星围绕地球转动。大约在1514年，尼古拉·哥白尼（1473—1543）提出地球实际上在围绕太阳转动。虽然古天文学家们早在公元前3世纪就提出过这一观点，但哥白尼列出了一个数学模型来支持自己的主张。事实证明，他的成果极具影响力，但却在教会中引起了极大争议。在意大利，伽利略·伽利雷（1564—1642）用自己发明的望远镜进行观察，证实了哥白尼关于宇宙的见解。这导致他在1615年受到了罗马宗教裁判所的审判，结果被软禁在家中度过余生。

欧洲的奥斯曼人

在1453年征服了君士坦丁堡之后的1个世纪中,奥斯曼帝国的权力达到了巅峰。到16世纪中期,它的领土已经从中东扩张到了东南欧,一直延伸到匈牙利,还包括北非的大部分地区。奥斯曼人威胁要入侵西欧,但于1529年和1683年均在维也纳吃了败仗,只能无功而返。在奥斯曼帝国的领土——巴尔干半岛和希腊,他们实行了一项被称作德米舍梅(字面意思为"收集")的政策:将基督教男孩从他们的家人中带走,强迫他们皈依伊斯兰教,还将他们训练成士兵和公务人员。他们之中最有才华的会被招募为禁卫军,也就是苏丹的精英护卫。类似的,成千上万名基督教女孩遭绑架之后被当作性奴隶卖掉,一些女孩会被送进国王的后宫,少数人会变成地位重要的嫔妃,甚至成为苏丹的母亲。

启蒙运动

启蒙运动是一项开始于17世纪后半叶，并一直持续到18世纪的全欧洲范围内的运动，它挑战了迷信和传统，鼓励进步、自由和宽容的精神。启蒙运动的核心是理性，许多人乐观地希望理性思维和改革能征服一切。启蒙运动的一个至关重要的特征是"公共领域"的产生。"公共领域"即在更高的权威如教会和国家控制之外的领域（如咖啡馆、沙龙和学术团体），每个人在这里都可以自由地辩论和讨论事务。社会上兴起了对宗教的怀疑态度。一些哲学家开始质疑宗教的基本教义。虽然彻底的无神论还十分罕见，但理神论（相信上帝，但不相信宗教组织）变得越来越普遍。

法国是启蒙运动的中心，也是许多被称为启蒙哲学家的关键人物的故乡。这些启蒙哲学家中最重要的一位是孟德斯鸠男爵（1689—1755），他是个激进主义者，他所著的《论法的精神》（1748年）提议在政府中进行彻底的改革，包括宪法和法律保障自由及分权[①]。启蒙运动见证了人们对宇宙知识与规律的探求，在它的启发下，《百科全书》被创作出来。这是一个由德尼·狄德罗（1713—1784）和让·勒朗·达朗

[①] 与集权相对，指按照一定的规则，将权力合理分派给不同的机关的规定和制度。

贝尔（1717—1783）共同编辑的庞大项目。狄德罗是一位哲学家，经常陷入金钱匮乏的困境。达朗贝尔是一位数学家，在他还是个婴儿时便被遗弃在巴黎的一个教堂附近，后来这个教堂的名字就成了他的教名。为了这个项目，他们委托当时最伟大的思想家们（包括他们自己）写了几万篇文章，画了几千幅插画。《百科全书》的第一卷于1751年出版，到1772年时已经出版了28卷，总共囊括了71818篇文章。

伏尔泰（1694—1778）是启蒙运动中最著名的人物，他是一位多产的作家和哲学家，出生于巴黎，原名弗朗索瓦-马利·阿鲁埃。由于他的作品极具争议，所以他被监禁在巴士底狱11个月，之后在1726到1728年间流亡英国。在得到允许回国之后，他利用法国政府推出的彩票中的漏洞赚了一大笔钱。经济有了保障之后，他继续讥讽传统的法国政府、宗教和社会，这也意味着他经常被逐出巴黎。他最著名的作品《老实人》（1759年）讽刺了"我们生活在最美好的世界中"这一乐观态度。

另一位重要的思想家是让-雅克·卢梭（1712—1778），他出生于日内瓦，但一生中大部分时间都在巴黎度过。他的《不平等论》写作于1754年，书中认为财产引发了不平等，人类在被腐蚀之前生活在一种完美的自然状态之中。1762年，卢梭出版了《社会契约论》，他在书中主张国家的主权应掌握在人民而非君主手中。卢梭的作品引起了很大的争议，常常被禁止出版，但他对政治思想的发展和法国革命具有极大的影响力。

德国的启蒙运动促进了德国语言和文化的发展。18世纪后期，德国兴起了狂飙突进运动①（意思是"风暴和压力"）。它驳斥了启蒙运动早期过分强调理性的观点，呼吁人们重视主观性，更为自由地表达情感。作家约翰·沃尔夫冈·冯·歌德（1749—1832）和弗里德里希·席勒（1759—1805）是这种精神的核心人物。哲学家伊曼努尔·康德（1724—1804）是另一位对众多启蒙运动的核心价值观表示质疑的人物，他认为光靠理性是不足以理解一切的。到18世纪末，浪漫主义在欧洲变得越来越受欢迎，影响力也日益扩大。它强调情感、想象和自发性，导致人们对自然和民俗越来越感兴趣。

开明的专制君主

在18世纪，一些欧洲君主受到启蒙运动的影响，开始运用他们的专制权力改革自己的国家。这种趋势在不同的国家有着不同的表现，但通常都强调法典的编纂、宗教宽容、发展贸易，以及限制教会和贵族的权力。

在普鲁士——一个领土覆盖了现今德国大部分地区和波兰的一部分的王国，腓特烈二世（1712—1786）是一位最杰出的开明专制君主，

---

① 指从18世纪60年代晚期到80年代早期，由德国新兴的城市青年知识分子发动的一次文学解放运动，是德国启蒙运动的第一次高潮，代表人物为歌德和席勒。

他的前人给他留下了一个有着强大军事力量的官僚主义国家。1740年，腓特烈二世登上王位，开始改革王国。他鼓励技术工人移民到普鲁士，不论他们信仰什么宗教，以此增加普鲁士的财富。他还赞助艺术和学术活动，柏林的普鲁士科学院因此成了欧洲知识分子聚集的中心。此外，腓特烈二世还是一位伟大的将军，他将普鲁士转变成了一个大国。18世纪40年代，他征服了奥地利的哈布斯堡王朝统治之下的西里西亚地区。1756年，奥地利联合法国试图夺回西里西亚，导致了七年战争（1756—1763）的爆发。这场战争将全欧洲都卷入进来，还蔓延到了亚洲、非洲和美洲，最终发展成了第一次全球性冲突。结果，普鲁士（在英国人的支持下）保住了对西里西亚的控制权。

普鲁士南边的邻国奥地利也有一位开明的君主——玛丽娅·特蕾莎（1717—1780），她是神圣罗马皇帝查理六世（1685—1740）唯一的孩子。作为女性，她无法继承父亲的皇帝头衔。查理六世为了确保女儿能继承自己的奥地利大公国，发布了一份"国事诏书"允许她享有继承权。然而，当玛丽娅·特蕾莎继位之后，她立即卷入了一场奥地利王位继承战争（1740—1748），她和她的盟友不得不为保住她的继承权而战斗。虽然她将西里西亚输给了普鲁士，将意大利北部的帕尔马输给了西班牙，但还是保住了世袭的大部分财产。玛丽娅·特蕾莎的丈夫弗朗茨一世（1708—1765）成了神圣罗马皇帝，但他在政府中没有什么权力。玛丽娅·特蕾莎掌握着奥地利的实权，推行了一套高效的税收体制，将这个衰弱、负债累累的国家转变成了一个日渐强大的中央集权制国家。

她制定了新的民法和刑法，还改革了教会和教育系统。在一些方面，玛丽娅·特蕾莎非常保守，尤其是在对非天主教国民的宗教宽容问题上。

18世纪后期，另一位女性崛起并统治了一个欧洲大国，她就是俄国的叶卡捷琳娜大帝（1729—1796）。她是一位德意志贵族，1745年嫁给了彼得大帝的外孙彼得三世（1728—1762）。婚后，他们变得互相厌恶。在彼得三世于1762年登上王位之后，叶卡捷琳娜组织了一场政变，在他即位后的186天便推翻了他的统治，自己登上了王位。叶卡捷琳娜注意到俄国很多人都十分保守，于是便采取了渐进式改革的统治方式。她修改法典，对教会的土地实行完全世俗化的举措，还限制神职人员的权力。她建立了埃尔米塔什博物馆和几百所国家院校，让男孩和女孩接受教育。

西班牙的卡洛斯三世（1716—1788）是地中海地区主要的开明专制君主，他还在1734到1759年间统治了那不勒斯和西西里。他在意大利南部设立了一个商业委员会用于复兴经济，建造了一个歌剧院、设立了一所学院和一个博物馆支持艺术和学术。此外，他还鼓励人们发掘庞贝古城遗址。因他的异母兄长、西班牙的斐迪南六世（1713—1759）死后无嗣，于是卡洛斯三世便穿越地中海地区前去继承他的王位（将他在意大利的领土留给了小儿子）。自从16世纪的黄金时期过后，西班牙便一直在退步，于是卡洛斯三世决心推行改革。他减少宗教裁判所的权力，将耶稣会会士驱逐出境，以此限制教会的影响力。在经济上，他废除限制贸易的法律，建造道路和运河，建立皇家工厂。卡洛斯三世还试图让西班牙成为一个真正的国家,而非一个由各个独立省份组成的联盟,于是他在1770年确立了国歌,1785年确立了国旗。

开明专制主义并非只与君主有关,在葡萄牙,相关政策由约瑟夫一世(1714—1777)的首相庞巴尔侯爵(1699—1782)推行。他最伟大的成就是在1755年的里斯本大地震之后组织了重建工作。这场地震是欧洲自有历史记载以来最大的地震,还引发了一场巨大的海啸。里斯本有5万人死亡,85%的城市毁于一旦。庞巴尔迅速采取措施,阻止混乱和疾病的蔓延,领导设计了一座新的城市。为了确保新的城市能够防震,他派士兵在仿真模型周边操练,模仿未来的地震对城市产生的影响。

在丹麦,一位德国医生约翰·弗里德里希·施特林泽(1737—1772)推行了改革,他也是丹麦国王克里斯蒂安七世(1749—1808)的私人医生。克里斯蒂安七世患有严重的精神疾病,这意味着从1770到1772年,施特林泽(与皇后有染)掌控了政府。他试图在丹麦推行激进的改革,但保守党发动了一场政变,推翻了他的统治,并将他处死。

第四章
革命时代

第一次工业革命

在欧洲（和全球）历史的大部分时间里，经济发展得十分缓慢。工业革命改变了生产方式，从而改变了这一现象。工业革命开始利用机械的力量——一开始靠水驱动，后来靠蒸汽驱动，取代了从前依靠动物和人类的体力劳动（以及风力）的生产方式。英国在18世纪中期最先开始了第一次工业革命，接着到19世纪上半叶，工业革命传播到了整个欧洲。

纺织工业是最早完全实现机械化的。这一进程开始于英国，那里的人工工资比欧洲其他地区的都要高，这一现象鼓励了人们对发明节省劳力的器械的投资。这些器械必须要安置在磨坊中，于是磨坊后来发展成了最初的工厂。渐渐地，其他工业（如制鞋业和金属制造业）也采用了这种生产方式。欧洲其他经济体的机械化进程相对缓慢，因为他们的人工工资比英国低,这就意味着他们没有动力投资新技术。大约从1800年开始,英国的发明被引进到了欧洲大陆,一开始是比利时,然后是法国、瑞士和德国。铁矿石是第一次工业革命的基础,它被融化成熟铁之后应用途径就变得十分广泛,从制作工具和机器到用作建筑材料不一而足(埃菲尔铁塔就是用铁建造的)。正如纺织品一样,使得熟铁更便宜和质量更高的加工方法也是首先在英国发明出来的。

蒸汽动力也至关重要。18世纪,英国出现了最早的蒸汽机。最初,蒸汽机被用在水泵上,经过改良之后,它们变得能驱动机器。人们燃烧煤为这些蒸汽机提供动力,这种产生能量的方式比燃烧木头或泥炭更加便宜和有效。一开始英国是煤矿储藏量最多的国家,之后其他国家也发现了煤矿并对之加以开采,尤其是法国、比利时、德国、波兰和俄国。

工业革命也伴随着城市化,农村人口涌入了城镇和城市。同时,人口迅速增长,人们的结婚年龄提前了,还生了更多的孩子,死亡率缓慢下降。这导致欧洲的人口从1700年的大约1亿人增长到了1900年的5亿人。

法国大革命

法国国王掌握了绝对权力,政权集中在他个人手中。到了18世纪后期,这种专制政体已经过时了,特别是在路易十六(1754—1793)于

第四章 革命时代

1774年即位之后。他保守且优柔寡断,无法应对他在统治方式上面临的挑战。他的奥地利妻子玛丽·安托瓦内特(1755—1793)由于国籍问题和奢侈的行为,变得越来越不得人心。

18世纪80年代,法国陷入了财政危机。由于在美国独立战争中为美国人提供支持,法国背上了沉重的债务。1788年,法国中止向债权国付款,它破产了。为了寻求解决措施,路易十六召开了三级会议。这是三个等级(神职人员、贵族和平民)的集会,自从1614年之后就再也没有召开过。1789年5月,三级会议在凡尔赛宫召开,但很快三个阶级之间就产生了分歧。到了6月,平民阶级宣布成立国民议会,并起誓直至写出一部新的宪法方才解散国民议会。到了6月末,另外两个阶级也加入了,三个阶级共同成立了国民制宪议会,指导和草拟宪法。

政治俱乐部开遍了法国,其中最重要的是雅各宾俱乐部,它发展了50万名会员。审查制度解体,激进观点因此得到了传播。一些人呼吁废除君主政体,成立共和国。1789年夏天,由于食物价格上涨和工资过低,公共秩序崩溃。7月14日,一群人攻占了巴黎的巴士底狱,这标志着法国旧秩序的结束(虽然他们只释放了少数几个人)。10月,一群由女性领导的民众抗议面包价格过高,他们闯入凡尔赛宫,迫使皇室搬到了巴黎的杜乐丽皇宫①。接下来,法国勉强进入了一段平静时期,直到1791年,皇室逃离巴黎,加入了法国东北部的保王党势力,发起了反革命运

---

① 始建于1564年,是巴黎的一处皇家宫殿,位于塞纳河右岸。曾是从亨利四世到拿破仑三世的大多数法国君主的住处,于1871年被焚毁。

动。这加剧了人民的担忧，他们无法信任路易十六，越来越多的人开始支持成立共和国的主张。路易十六被迫接受了一部新宪法，设立了一个由选举产生的立法议会。10月1日，立法议会第一次召开会议。

其他欧洲大国对于法国发生的事情感到十分惊恐，他们担心激进主义会蔓延开来。奥地利和普鲁士威胁道，如果路易十六受到伤害，他们将报复法国。1792年4月，战争爆发。一开始战局对法国不利，但外国势力的威胁使得巴黎人民变得更为激进，所有25岁以上的男性普选产生了一个国民公会。9月20日，法军在瓦尔密战役中击败入侵者，战争走向由此转变。国民公会有了底气，他们废除了王权，宣布法国成立共和国。路易十六被剥夺了头衔，经审判以叛国罪于1793年1月21日被送上了断头台（同年10月，玛丽·安托瓦内特也被送上了断头台）。

处决路易十六使得整个欧洲开始联合起来反对法国，英国、西班牙、尼德兰、葡萄牙和那不勒斯都加入了反对法国的同盟。法国内部还面临着保王党武装反对势力的威胁，尤其是在法国中西部的旺代地区。1793年3月，公共安全委员会掌控了政府行政机关，该委员会由激进的雅各宾派的马克西米连·罗伯斯庇尔（1758—1794）领导。罗伯斯庇尔发誓不论付出什么代价都要捍卫革命，导致法国在9月开始进入雅各宾专政时期（又称恐怖统治时期）。革命的所有潜在敌人均遭到逮捕、监禁或处死，超过17500人被杀，25000人被监禁。这个新政体采用了一套新的十进制日历，将1792年9月22日设为新历的第一天。罗伯斯庇尔将一种新的自然神论宗教——最高主宰崇拜定为法国国教，取代了天主教的地位。1794年7月，国民公会中的温和派开始反对罗伯斯庇尔，并将他和他的盟友处死，随后废除了他的大多数改革措施。雅各宾专政时期至此结束。

1795年，法国通过了一个更为保守的新宪法。督政官领导了法国，这是一个由选举产生的立法机构挑选出的三人小组①。然而督政官没能给饱受战争摧残的法国带来稳定，于是很快便丧失了民众的支持。1799年，年轻的将军拿破仑·波拿巴（1769—1821）在军队中掌握了权力。之后由他领导的三人执政官小组统治了法国，而实际上他掌握了独裁大权。法国大革命至此结束，拿破仑政权开始了。

革命精神

18世纪后期，政治动乱席卷了欧洲。最早的政治动乱发生在科西嘉岛，这个岛在1347年被热那亚吞并。1755年，巴斯夸·帕欧里（1725—1807）宣布成立独立的科西嘉共和国，将热那亚人赶出该岛。科西嘉宪法给予了所有25岁以上的男性投票权（一些女性也享有投票权）。随后，热那亚将科西嘉岛的所有权卖给了法国，1768年，法国对科西嘉岛发动进攻，打败了帕欧里的共和国军队。接着，科西嘉变成了法国的一

---

① 应为五人小组，此处为作者出错。

个省。法国还参与了日内瓦的反革命活动,该城市被占据优势的支持法国的精英阶层和共和国平民派分成了两个部分。1782年,支持平民派的群众帮助他们夺取了控制权,于是,法国派出士兵镇压民主运动,恢复了传统精英阶层的权力。

虽然荷兰名义上是个共和国,但国家实权一直由一名荷兰总督的世袭官员所掌握,而这个官职均由奥兰治王朝的王子担任。到18世纪后期之前,荷兰事实上实行的是君主制。一个叫作爱国者的共和运动想减少荷兰总督威廉五世(1748—1806)的权力,创建一个民主的共和国。爱国者在全国范围内组建了名为"自由军团"的民兵组织。从1785年开始,爱国者运用军事力量迫使城镇选举新官员,由此威廉五世的权力逐渐减少。由于威廉五世妻子的兄长——普鲁士的腓特烈·威廉二世(1744—1797)的军事干预,威廉五世于1787年秋天重新获得了统治权。

虽然总有平民主义者起来对抗中央集权的君主,但在越过传统界线这一点上,没人比约瑟夫二世(1741—1790)走得更远。早在1765年,他就当上了神圣罗马皇帝,但直到他的母亲玛丽娅·特蕾莎于1780年去世之前,约瑟夫二世实际上都没有统治奥地利和哈布斯堡王朝。当约瑟夫二世终于掌握了大权之后,他开始了一系列激进的改革,无视了所有那些让他谨慎行事的告诫。他颁布了6000条法令和11000条法律,将教会的土地世俗化,给予新教徒和犹太教徒宗教宽容,废除死刑,结束了审查制度。他希望通过集中权力来将王国各个不同的部分团结起来,他限制匈牙利、米兰和奥属尼德兰(现今比利时)区域议会的势力,使德语成为王国各地的官方语言。然而，贵族们开始厌恶他，迫使他放弃废除农奴制的努力，平民们则对他一直以来的干预大为恼火。到1790年，他的王国内部已经变得动荡不安。由于政权面临威胁，约瑟夫二世取消了大部分改革措施，并在一个月后即去世。

奥属尼德兰对约瑟夫二世的反抗最为强烈。1789年，奥属尼德兰爆发了布拉班特革命，反抗约瑟夫二世的统治，这次革命后来发展成了一场独立运动。当叛军在蒂伦豪特之战中打败奥地利军队后，奥属尼德兰爆发了全国性的起义。12月20日，该地区宣布独立，并于1790年1月11日成立了一个名为联合比利时国家的独立共和国。与此同时，列日①也爆发了起义，起义者推翻了统治该地区的采邑主教，宣布成立共和国。但新政权的存在时间很短暂。1790年夏天，奥地利人重新集结军队，进攻奥属尼德兰，同年年底，他们重新夺回了控制权，恢复了哈布斯堡王朝对比利时的统治。1791年1月，奥地利人进入列日，恢复了采邑主教的统治。

塔德乌什·柯斯丘什科（约1774—1817）

革命精神传播到了波兰。1772年，由于奥地利、俄国、普鲁士吞并了波兰-立陶宛联邦的部分领土，它的国土面积越来越少。波兰国王的

---

① 现为比利时的一个大城市。

权力历来十分有限,因为贵族享有大量特权,他们不仅可以选举国王,还掌控着波兰议会——这是一个有否决权的议会。1791年,在国王斯坦尼斯瓦夫二世(1732—1798)的支持下,波兰颁布了一部宪法,建立了民主的君主立宪政体,限制贵族的权力,给予农奴更多合法保护。俄国反对这部宪法,因为他们认为这会使得波兰的君主太过强大,于是便在1792年入侵了波兰。在保守的波兰贵族的支持下,俄国迫使斯坦尼斯瓦夫二世投降。第二年,普鲁士和俄国要求波兰割让更多的领土,结果,一位曾在美国独立战争中帮助美军作战的波兰将军——塔德乌什·柯斯丘什科——领导了一场起义,反对俄国的统治。他要求废除农奴制和让全体公民获得自由。经过1794到1795年的作战,最终塔德乌什还是被打败了,波兰剩下的地区遭到了瓜分。波兰从地图上消失了,直到1918年才作为一个独立国家重新出现。

拿破仑(1769—1821)

拿破仑·波拿巴出生于科西嘉岛,是当地一位贵族的儿子。1785年,他进入法国军队担任初级炮兵军官。在新生的共和国为生存而挣扎之际,他的职位一路高升。1795年,拿破仑粉碎了保王党企图夺取巴黎的行动,从而一跃成为法国的重要人物。他成了法国人的英雄,还获得了入侵意大利的法国军队的指挥权。拿破仑的情人（之后成为他的妻子）约瑟芬·博阿尔内（1763—1814）也是多位重要的政界人物的情妇，她对拿破仑的职位晋升起到了很大的作用。

拿破仑在意大利战役中赢得了一系列胜利，获得了巨大成功，于1797年迫使奥地利议和，结束了第一次反法同盟战争。拿破仑在第二次反法同盟战争的埃及战役（他于1798年率领远征军入侵了埃及）中首次尝到了失败的滋味，最终法军没能保住对埃及的控制权。1799年末，拿破仑回到法国，夺取了政权，并自称第一执政官。1800年，他在意大利北部的马伦哥战胜奥地利人，巩固了自己的位子。1802年，法国与英国休战，战争结束。

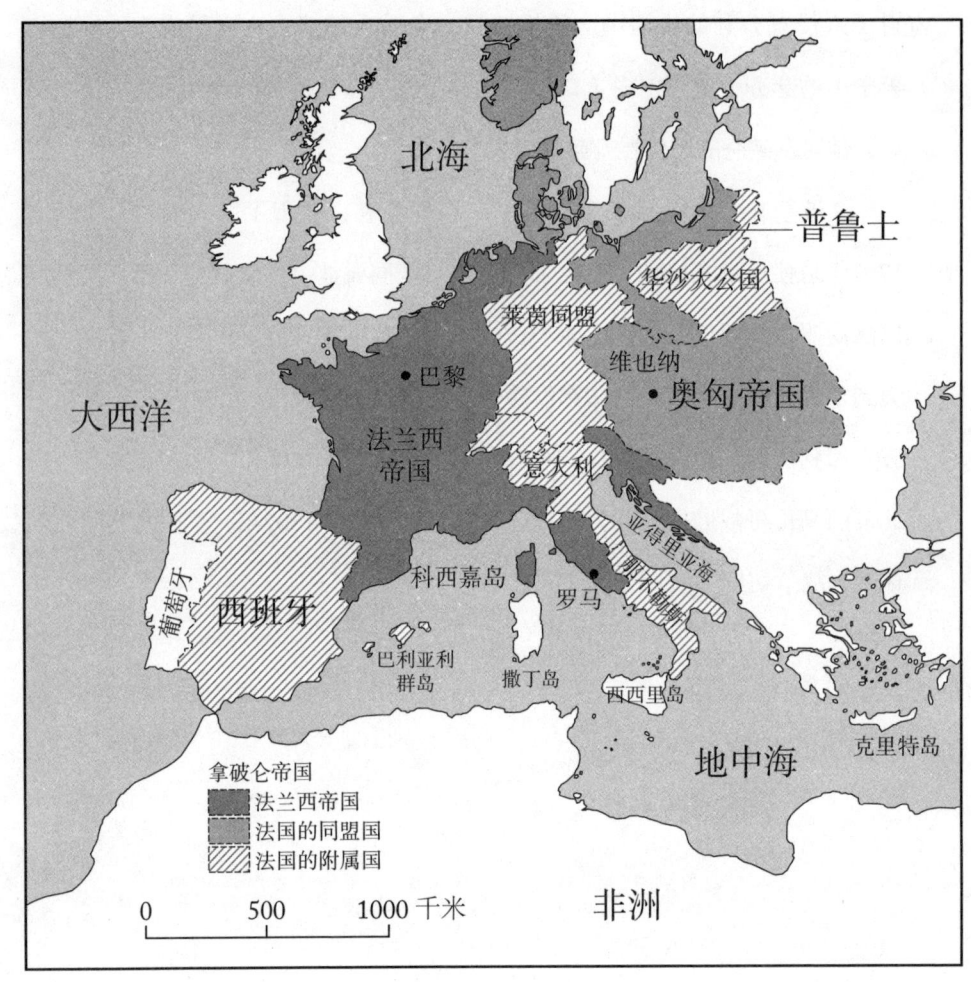

拿破仑帝国（约1810年）

与他所有的军事胜利相比，拿破仑反而将改革法国的法律体系视为自己最伟大的胜利。1804年3月，《拿破仑法典》生效，取代了法国那套过时的习俗和法律的拼凑之物。法国第一次有了一部统一且表述清晰的法典,它给予人民宗教自由,禁止凭借出身获得特权。拿破仑创造了一个新社会,人们凭借功劳获得地位,而非社会等级。

1804年11月,拿破仑颁布了一部新宪法。凭借这部新宪法,他当上了法国皇帝,并建立了波拿巴王朝。他还为他的亲戚在那不勒斯、尼德兰、威斯特伐利亚、西班牙和托斯卡纳建立了"家族王国",这些王国都是没什么自主权的附属国。由于约瑟芬没能为拿破仑诞下子嗣,于是在1810年,他与约瑟芬离婚,娶了奥地利大公的女儿玛丽·路易斯(1791—1847)。1811年,她为拿破仑生了一个儿子。然而,由于拿破仑实施的帝国主义计划,他的政权即将被瓦解。

拿破仑战争

法国大革命之后,欧洲于1792到1815年间陷入了一段战争时期。法国面临多次反法同盟战争,其中英国是它最强大的对手。由于对拿破仑的野心感到恐惧,英国于1803年宣布对法国开战,由此开始了第三次反法同盟战争。拿破仑企图入侵英国,为此他需要将军队运过英吉利海峡,但他没能获得海上的优势地位。当奥地利和普鲁士加入反法同盟之后,拿破仑便开始向东进军。1805年12月,他在奥斯特里茨击败了俄奥联军,获得了决定性的胜利。奥地利被迫投降,俄国人被迫退兵。至于海上战争，拿破仑则没有这么成功。1805年10月，在特拉法尔加海战中，英国海军摧毁了一艘法西战舰。在剩下的战争中，法国的海洋力量再也无法与英国相抗衡。

1806年，拿破仑创建了莱茵联邦，这是一个由一系列德意志国家组成的政治联合体，这些国家均视拿破仑为它们的保护者。莱茵联邦的成立结束了神圣罗马帝国。莱茵联邦对于普鲁士来说是个威胁，就在同年8月，他们与拿破仑之间的战争爆发，第四次反法同盟战争由此拉开序幕。由于主要的盟友俄国没有出兵，普鲁士失去了保护伞。拿破仑入侵普鲁士，占领了柏林。第二年，他战胜了俄国，但他仍然需要击败英国。由于未能进攻英国，他于1806年公布了一项贸易禁令，希望这一措施能摧毁英国的经济。他要求所有的欧洲国家都加入他的"大陆体系"，实施大陆经济封锁政策。但这个政策根本没办法强制执行，走私十分普遍。当葡萄牙拒绝加入时，拿破仑于1807年入侵了葡萄牙，强迫其王室流亡国外。接着，拿破仑征服了西班牙，废黜了西班牙国王，扶植他的哥哥约瑟夫·波拿巴（1768—1844）于1808年登上王位。这导致西班牙发生了全国性的起义和半岛战争[①]。为了争取解放，西班牙和葡萄牙凭借英国提供的援军和补给，与法国开展了一场艰苦卓绝的战争。这场战争一直持续到1814年，最终西班牙和葡萄牙赢得了胜利。

---

① 1808—1814年，也叫西班牙独立战争，是西班牙人民为了反对法国的侵略、争取西班牙独立的革命战争，是拿破仑战争中的一场主要战役，地点在伊比利亚半岛。结果，法军战败，撤出西班牙。

第四章 革命时代

1809年，奥地利对拿破仑发起进攻，拉开了第五次反法同盟战争的序幕。仅在7个月之内，奥地利就战败了，拿破仑的权力也随之达到顶点。1812年，他做了一个导致自己日后垮台的决定。由于俄国拒绝遵守大陆经济封锁政策，拿破仑率领将近50万人入侵了俄国。俄国人采用焦土政策，摧毁了能帮助到入侵者的一切事物。拿破仑一路攻打到了莫斯科，然而，由于他的补给线拉得太长以及俄国的抵抗，他在10月中旬下令撤兵。行军变得艰难而缓慢，士兵缺少保暖的衣物和补给，还经常遭到俄国轻骑兵的攻击。由于人员伤亡、逃亡和疾病，拿破仑的军队撤出俄国领土时只剩下大约20%的兵力。

拿破仑在俄国战败为他的敌人提供了机会，他们结成了一个反对拿破仑的大同盟。1813年，第六次反法同盟战争爆发，拿破仑失去了对德国的控制权；1814年初，反法联军开进法国。拿破仑失去了军队将领和人民的支持，于4月11日退位。路易十六的弟弟、流亡英国的路易十八（1755—1824）回到法国，以君主的身份统治国家，但他的权力受到宪法的限制。

退位之后，拿破仑被监禁在地中海的厄尔巴岛上，但他在1815年逃出了该岛。在法国登陆之后，他向巴黎行军，大批士兵蜂拥而至，来到他的麾下。在军队的支持下，他收回了权力。英国、俄国、奥地利和普鲁士均许诺各自出兵15万与拿破仑作战。6月18日，拿破仑在滑铁卢与一支英普联军交战。他的军队被击溃，拿破仑被迫第二次退位。这次他被流放到一个遥远的大西洋岛屿——圣赫勒拿岛上，并于1821年在该岛去世。

1814年11月到1815年6月，除土耳其之外的所有欧洲国家召开了维也纳会议，确定了战后欧洲的版图。会议上做出的决定总的来说十分保守，旨在反对革命和民族主义情绪。维也纳会议创立了一个缔造和平的外交机制，即欧洲协调，它使得欧洲大国在之后将近四十年里都没有发生大规模战争。

德意志的统一

神圣罗马帝国最终被德意志邦联所取代，这是一个由39个邦国组成的联盟，每个国家都享有很大的独立性。主导大国是奥地利，它试图维持现状。奥地利首相克莱门斯·冯·梅特涅（1773—1859）是一位保守主义者，他决心阻止民族主义变成一股政治力量。然而这与泛德意志主义——旨在将所有说德语的人民联合起来——的潮流背道而驰，并且德意志邦联内两个最大的国家——奥地利和普鲁士之间的关系也非常紧张，尤其是在经济问题上。普鲁士是德意志关税同盟的主要组成部分，这是一个成立于1834年的关税联盟，在德意志邦联内创建了一个免税区。到1842年，大多数德意志邦国都加入了这个联盟。但奥地利不在此列，因为梅特涅反对这个观点，他想保护国内经济不受外国竞争的影响。

第四章 革命时代

1848年，在民族之春①期间，德意志邦国的人民发动了三月革命，要求结束专制制度。柏林的群众迫使普鲁士国王腓特烈·威廉四世（1795—1861）同意进行选举，制定宪法，保证支持德意志统一。邦联内的第三大邦国巴伐利亚爆发内乱。巴伐利亚的国王路德维希一世与他的情妇罗拉·蒙特斯（1821—1861）（爱尔兰舞女，原名伊丽莎·罗珊娜·吉尔伯特）的关系公开，引发了人民的反感。蒙特斯试图运用她对路德维希一世的影响，让他推行自由主义改革，这导致保守主义者走上街头，要求将她撤职。思想开明的学生们也起来反对他们。路德维希一世不愿放弃任何权力，于是便将王位让给了自己的儿子，让他来负责推行温和的改革措施。蒙特斯则逃到了瑞士，之后她去世界各地演出和发表演讲，度过了余生。

1848年5月，德意志人民通过抗议获准在法兰克福选举出了一个国民议会。法兰克福议会宣布建立德意志帝国，拥护腓特烈·威廉四世为立宪政体的君主。但腓特烈·威廉四世拒绝了这个邀请，他称自己不会接受"一顶沟渠之中的王冠"。法兰克福议会蹒跚前行，但它已经被严重削弱了。奥拓·冯·俾斯麦（1815—1898）给了该议会致命一击。他于1862年出任普鲁士首相，决心将德国统一在普鲁士的领导之下。他重整了普鲁士军队，使之现代化。1864年，普鲁士打败了丹麦，丹麦人被迫放弃了充满争议性的石勒苏益格-荷尔斯泰因地区。两年后，普鲁士与奥

---

① 即1848年欧洲革命，也叫"人民之春"，指1848年欧洲各国爆发的一系列武装革命，也是欧洲史上最大规模的革命运动。

地利之间爆发了一场历时六周①的战争，最终普鲁士赢得了胜利，结束了奥地利对德意志事务的影响，这场战争也导致了德意志邦联的解体。普鲁士领导成立了北德意志邦联，取而代之，将奥地利排除在该联盟之外。

接着，俾斯麦使出了下一个高招——用计谋使得法国于1870年向普鲁士宣战。他预计这次冲突将使得各个德意志邦国都统一在普鲁士的领导之下。法国迅速地战败了。1871年1月18日，普鲁士国王威廉一世（1797—1888）加冕为德意志帝国皇帝，即德意志帝国的统治者。德意志帝国是一个拥有25个邦国的联邦国家，普鲁士则是其中的主导力量。皇帝拥有广泛的权力，包括决定外交政策和任命联邦总理（俾斯麦得到了任命）等，但帝国还有一个选举出来的立法议会，即帝国国会。德意志帝国一跃成为一个大国，到19世纪末它成了欧洲最大的经济体。

意大利统一运动

自从6世纪开始，意大利就四五分裂了。19世纪初，意大利兴起了一个支持统一的运动，即意大利统一运动②。很多人反对这个运动，尤其是

---

① 应为七周，此处应为作者错误。

② 原文为Risorgimento，意为复兴，因此意大利统一运动也叫意大利复兴运动。

奥地利人，因为他们统治了意大利北部很大一部分地区。意大利多个国家内部都形成了支持统一和民主政体的秘密团体，其中规模最大的一个是烧炭党。该党成立于1820年，在那不勒斯领导了一场起义，但遭到了奥地利人的镇压。从1830到1831年，烧炭党参与了帕尔马、摩德纳和教皇辖地内的多场起义。奥地利动用军事力量进行镇压，导致许多人声明放弃革命运动，但有一个人拒绝退缩，他就是朱塞佩·马志尼（1805—1872）。他是一名流亡马赛①的记者和烧炭党成员，并在那儿成立了名为青年意大利的团体。他想将意大利人民集合到一起，建立一个统一的共和国，摆脱奥地利的统治。朱塞佩·加里波第（1807—1882）是马志尼最重要的盟友，也是意大利独立运动中名义上的军事领袖。

1848年是意大利历史上的一个分水岭。在撒丁王国（统治意大利北部大部分地区），国王查理·阿尔贝特②（1798—1849）公布了一部自由宪法，给予百姓出版自由，以及选举立法议会的权利。在奥地利干预意大利事务时，他和他的继承人是主要的反对者，以及一些统一运动的主要支持者。至于意大利其他地方，在巴勒莫③爆发的一场起义逐步升级为西西里王国和那不勒斯王国（统称为两西西里王国）的革命运动。

---

① 法国第三大城市、最大海港。
② 意大利语译名为卡洛·阿尔贝托（Carlo Alberto），查理·阿尔贝特为其英语译名。意大利撒丁王国的国王，1831—1849年在位。
③ 西西里王国的首都。

3月，意大利东北部的威内托①爆发了一场反对奥地利的起义，之后并入撒丁王国。接着，起义蔓延到了伦巴第，奥地利人被迫撤退，教皇逃到了罗马，一个短暂的共和国成立了。但不久之后，在法国的支持下，教皇又重新夺回了统治权。奥地利人卷土重来，再次征服了威尼托，接着在1849年打败了撒丁人，迫使查理·阿尔贝特退位。第一次意大利独立战争至此结束，革命力量被彻底击败。

经过这次挫折，撒丁王国的首相加富尔伯爵（1810—1861）成为意大利统一的架构师。他认为意大利应该建立一个以撒丁王国的维克多·伊曼纽尔二世（1820—1878）为新国王的君主制国家，而非一个共和国。加富尔运用外交手段获得了其他大国对他的政策的支持。第二次意大利独立战争爆发，撒丁王国（在法国的支持下）于1859年吞并了伦巴第。第二年，他们又占领了帕尔马、巴勒莫、托斯卡纳和教皇辖地（不包括罗马周边地区）。在两西西里王国，加里波第领导一支志愿军推翻了该王国的君主政体。于是，意大利南部和西西里岛并入了意大利北部。1861年，维克多·伊曼纽尔二世宣布自己为意大利国王，任命加富尔为第一任首相。奥地利人依然掌控着威内托，但在1866年的第三次意大利独立战争之后，它被意大利人夺回（在普鲁士的支持下）。1870年，罗马被吞并，意大利统一运动至此完成。

---

① 首府为威尼斯，因此许多资料中也称之为威尼斯地区。现为意大利的20个一级行政区——"大区"之一。

第四章 革命时代

奥斯曼帝国的衰落

奥斯曼帝国面临着领土的丧失、内部的冲突、软弱的统治者和无能的政府等一系列问题，势力逐渐衰弱。从14世纪开始，基本上一直处于奥斯曼帝国统治之下的巴尔干半岛，兴起了一股民族主义情绪的潮流。1804年，塞尔维亚首先爆发起义。经过13年的战争之后，塞尔维亚成了一个完全享有自治权的公国。在接下来的几十年里，奥斯曼帝国不断面临着巴尔干半岛各地爆发的多次起义。到1875年，巴尔干半岛的大部分地区都公开发生了叛变，其他欧洲大国在俄国的领导下对此进行干涉。根据1878年柏林条约，奥斯曼帝国被迫承认塞尔维亚、罗马尼亚和黑山的完全独立，以及保加利亚（1908年宣布独立）的自治。

在奥斯曼帝国内部，苏丹试图让国家走向现代化并推行了改革，但却面临着严重的财务困境。1876年，阿卜杜勒·哈米德二世（1842—1918）登上王位。即位不久，他就颁布了一部宪法。但在短短两年后，他便停止实施宪法，转而进行独裁统治。阿卜杜勒·哈米德二世镇压自由激进主义，粗暴地迫害少数民族，特别是亚美尼亚人。1908年，改革派团体发动了名为青年土耳其革命的运动，恢复了宪法。第二年，他们推翻了阿卜杜勒·哈米德二世的统治，另立他的弟弟穆罕默德五世（1844—1918）为苏丹。但穆罕默德五世只是个傀儡，并没有任何实权。奥斯曼帝国继续丧失了更多领土（包括将波斯尼亚—黑塞哥维那输给了奥匈帝国），政局依然十分不稳定。

希腊的独立

从15世纪开始，奥斯曼人就统治了希腊。希腊也掀起了独立运动，并于1821年爆发了起义。很多欧洲人对希腊人表示同情，特别是俄国人，因为这两个国家都信仰东正教。外国人自愿为希腊战斗，包括英国的浪漫主义诗人拜伦勋爵（1788—1824），他在与奥斯曼人的战斗中死于一场高烧。1827年，俄国、英国和法国介入，派出一支舰队在爱奥尼亚海的纳瓦里诺海战中摧毁了奥斯曼帝国的海军。1832年，奥斯曼人被迫承认希腊独立。一位德国王子、巴伐利亚的奥托一世（1815—1867）被选举为新的希腊王国的国王。一开始，他试图做一位专制君主，但在1843年被迫同意采用君主立宪制。奥斯曼帝国中，其他说希腊语的地区也渐渐分离出来，加入了希腊。

法国争取稳定

拿破仑战争之后，赢得胜利的大国将法国的领土缩小到1790年的疆界之内，并向法国收取7亿法郎的战争赔款，还在法国派驻了15万军队（1818年撤出法国）。战后，波旁王朝复辟，路易十八登上了王位。他作为一位立宪君主统治法国，将许多职责交给大臣们履行。因为不希望分裂法国，他没有报复之前的革命分子和拿破仑党人，并限制"极端分子"——希望恢复专制君主政体的保皇党的影响力。

1824年，路易十八死后无嗣，他的弟弟查理十世（1757—1836）继承了王位。查理十世支持极端分子，给了教会更多权利，还与自由党派交恶。他失去了民众的支持，但他并没有放弃反动政策。1830年7月，他颁布了一套专制的新敕令。巴黎人民忍无可忍，爆发了七月革命，革命仅仅持续了3天，最终查理十世被迫逃往国外。临时政府宣布法国的王位空缺。8月9日，新国王——奥尔良公爵路易·菲利普一世（1773—1850）即位。他是查理十世的远方表亲，公开支持开明的反对党。过去，他支持法国大革命，甚至还曾是雅各宾派的成员。法国人称赞他为"法国人的国王"，因为他将三色旗恢复为法国国旗，取代了波旁王朝的旗帜。他还被称为"公民国王"，因为他接受了一部削减王权的新宪法。

随着路易·菲利普一世逐渐年长，他变得越来越不开明，还试图镇压那些要求采取更多改革措施的人。1848年2月，巴黎人走上街头表达抗议。路易·菲利普一世无法阻止混乱，他的政府解散了，他本人则逃往英国，并于1850年在那里去世。法国宣布成立法兰西第二共和国，全体男性公民都享有投票权。国家总统由公民直接选举产生，任期只有4年。上一位皇帝①的侄子路易-拿破仑·波拿巴（1808—1873）在总统选举中胜出。1851年，当他的任期结束时，路易·拿破仑发动政变，解散了议会，延长了自己的权力和任期。第二年，他走得更远：宣布成立法兰西第二帝国，并于1852年12月2日宣布自己为皇帝拿破仑三世，拥有独裁大权。在位期间，他在法国推行工业化，还扩大了法国在非洲、亚洲和大洋洲的殖民帝国。

1870年，拿破仑三世决定与普鲁士开战，这也导致了他的统治生涯的结束。法国的兵力远远不及在技术和数量上都占优势的普鲁士。普鲁士及其德意志盟友入侵了法国东北部，并在色当战役中包围了法国的主力军。拿破仑三世及其军队向普鲁士人投降，他被俘虏后在德意志待了几个月，之后逃亡英国，最后在那里去世。色当战役之后，法国宣布建立法兰西第三共和国。新政体继续参战，但在普鲁士人包围并迅速占领巴黎之后，法国政府于1871年1月宣布投降。同年3月，巴黎爆发起义，激进派掌控了该城市，随后，巴黎公社成立。但巴黎公社只存在了2个月时间，经过一个星期的巷战之后，政府军重新夺回了巴黎。这次暴动之后，法兰西第三共和国建立了一个运转良好、基本上趋于稳定的民主政体。

---

① 即拿破仑·波拿巴，1804—1815年任法兰西第一帝国皇帝。

比利时革命

拿破仑战争之后,比利时和尼德兰合并成了一个王国,由奥伦治亲王统治,他后来成了国王威廉一世(1772—1843)。他在比利时很不受欢迎,因为他在政府和教育系统中强制推行荷兰语。这个原因再加上经济衰退,以及法国爆发的七月革命的影响,共同导致比利时发生了动乱。1830年8月25日,在一出爱国歌剧《波蒂奇的哑女》①演出完之后,人们受到鼓舞纷纷走上街头,布鲁塞尔遂爆发起义。人们喊着爱国口号,夺取了政府大楼。当威廉一世派出8000名士兵镇压之后,起义蔓延到了比利时全境。10月4日,比利时宣布独立。同年12月,欧洲最强大的5个国家②召开了伦敦会议,承认比利时独立。他们还在会上签署了一个条约,永远保证比利时的独立。独立的比利时是一个君主立宪制国家,一开始他们邀请路易·菲利普一世的儿子担任他们的国王。但他拒绝了,于是比利时便将德意志贵族、萨克森-科堡-哥达公国③的利奥波德一世(1790—1865)推上了王位。他的后代现在仍然是比利时的君主。同样地,威廉一世的后代现今也还继承着荷兰的王位。

---

① 法国作曲家奥贝尔以1697年那不勒斯人民起义为题材创作的一部歌剧。
② 奥地利、英国、法国、普鲁士和俄国。
③ 德意志的一个小公国。

国家之春

1848年，一股革命浪潮席卷了欧洲。这些革命大多是自由主义革命，旨在建立民主、独立的民族国家。抗议活动传播到了50多个国家，但它们在俄国、英国、低地国家和伊比利亚半岛没有造成太大影响。这些革命的普遍要求包括通过宪法、给予人民更多的民主权利和出版自由。资产阶级、农民和城市工人联合起来支持改革，使之有了广泛的群众基础。

1848年1月，革命拉开了序幕。西西里王国最先爆发了起义，反抗波旁王朝的统治。反叛者赢得了独立——但独立只持续了6个月，之后波旁王朝又重新夺回了统治权。意大利北部爆发了抗议奥地利统治的革命，但革命没有成功。还有上文中提过的，法国爆发了二月革命，推翻了路易·菲利普一世和短暂的法兰西第二共和国的统治。3月，德意志爆发了一系列抗议活动，要求建立民主政体和统一的国家。

在19世纪的欧洲，民族主义成为一股越来越有影响力的力量。比如，奥地利帝国是由多个说不同语言的不同民族组成的，它内部的各个民族为要求自治或独立的民族主义革命做好了准备。其中最重要的是匈牙利革命，示威者提出了一系列要求，包括选举一个独立的国家议会

第四章 革命时代

和建立一支独立的军队、法律面前人人平等以及结束审查制度等。自1821年起就开始担任帝国首相的梅特涅被迫辞职。虽然皇帝斐迪南一世（1793—1875）同意了匈牙利革命分子的要求，但抗议还是逐步升级成了一场独立战争。斐迪南一世无法发挥强大的领导力，他患有诸多疾病，包括癫痫和语言障碍，并将大部分公务都交给了他的首相。12月，他将王位传给了侄子弗兰茨·约瑟夫一世（1830—1916）。弗兰茨·约瑟夫一世是个反动派，他向俄国求援，并在俄国的帮助下击溃了革命分子，重建了哈布斯堡王朝对匈牙利的统治。从长期来看，双方在1867年达成了和解，建立了二元君主制的奥匈帝国。匈牙利有自己的议会，但无权制定外交政策，弗兰茨·约瑟夫一世仍然是国家元首。

斯堪的纳维亚半岛的革命成功与失败参半。瑞典（与挪威共同构成一个由同一位君主领导的联盟国家，直到1905年挪威独立）的斯德哥尔摩发生了暴动，但很快就被镇压下去。在它的邻国丹麦，国王弗雷德里克七世（1808—1863）同意了改革者的要求，放弃了绝对权力，接受了一部宪法，这意味着君主将与一个选举出来的议会分享权力。正因如此，丹麦成了一个特殊的例子，因为它的革命是和平的，同时也取得了成功。1848年，欧洲的大部分地区都发生了与瑞典类似的事件，即在爆发动乱之后，传统政府还有能力执掌大局。然而，民族之春留下了一个重要的遗产，那就是在接下来的几十年里，为了预防未来的混乱，许多欧洲政体都将接受渐进的改革方案。

克里米亚战争

随着奥斯曼帝国的衰弱,俄国逐渐开始以牺牲这个处境艰难的大国的利益来扩大自己的影响力。1853年10月,俄国和奥斯曼帝国为争夺对摩尔多瓦①和瓦拉西几亚②的控制权而爆发战争。欧洲大国一开始希望运用外交途径来解决纠纷,但渐渐地,英国和法国变得越来越担心,如果俄国获胜将会威胁到他们在地中海东部和亚洲的地位。俄国在黑海南岸的锡诺普港摧毁了一支奥斯曼帝国的舰队,使得英国和法国更为忧虑。1854年3月,英国和法国对俄国宣战。奥斯曼帝国在东欧和高加索地区与俄国作战,法国和英国军队为了夺取塞瓦斯托波尔——一座戒备森严的俄国城市,也是俄国在克里米亚的海军基地——开进了黑海。1854年10月,塞瓦斯托波尔攻防战爆发,这场战争表现出了工业化战争的残暴。新式的来复枪和重型火炮造成了毁灭性的伤害,攻防战发展成了阵地战,这也预示了第一次世界大战的战场状况。英法联军出现了军队补给困难,再加上冬天太过寒冷以及卫生状况恶劣,军营中爆发了斑疹伤寒和霍乱。1855年,攻防战结束,俄国从塞瓦斯托波尔撤兵。这导致俄国

---

① 欧洲东部的一个国家,位于巴尔干半岛东北部多瑙河下游地区。

② 古国名,位于巴尔干半岛东北部,今罗马尼亚。

于1856年3月求和，并签署了结束战争的《巴黎和约》。但克里米亚战争并未阻止奥斯曼帝国的衰落，帝国内部的民族主义情绪也日益高涨。

俄国的改革和革命

克里米亚战争之后，许多俄国人认为现代化至关重要。亚历山大二世（1818—1881）也同意这一观点。他推行了一系列改革，包括于1861年废除农奴制这一重大措施。农民不再是地主的财产。然而，曾经的农奴不得不向他们之前的主人偿还"赎身"债务，并依然受他们所在村庄公社的限制。激进分子认为亚历山大二世的改革进展得太过缓慢。于是，各种革命团体纷纷涌现，他们中的一些人愿意使用暴力来达到目的。其中，民意党将政府官员列为暗杀目标。没有人是安全的，包括皇帝在内。1881年，民意党的两位成员在皇帝乘坐马车驶过圣彼得堡时往马车中扔了炸弹。亚历山大二世在第一次爆炸中幸存下来，然而却没能躲过第二次爆炸。讽刺的是，当时亚历山大二世已经准备接受温和的改革，如果改革得以实施，就将为君主立宪制奠定基础。他的儿子和继承人亚历山大三世（1845—1894）拒绝削减自己手中的任何专制权力，并推翻了他父亲的许多政策。

俄国的犹太人长期以来一直遭到歧视和暴力对待。在亚历山大二世被暗杀之后，俄国各地都爆发了屠杀犹太人的事件，暴动的人群纷纷起来攻击他们的犹太邻居。1882年，政府通过了第一部反犹太的法律（之后还将通过多部反犹太的法律），对犹太人施加了诸多法律限制。对犹太人的屠杀还在继续，但政府并未对此加以阻拦（有时候甚至还帮忙组织暴力活动）。在1881到1920年间，大约200万犹太人离开了俄国。

1894年，亚历山大三世死于肾病。他的儿子尼古拉二世（1868—1918）继承了王位。他也像他的父亲那般，持反动态度，而且目光短浅、毫无能力。为了将影响力扩大到朝鲜和大清，俄国在1904年与日本爆发了战争。尼古拉二世和他的顾问认为俄国会很快赢得胜利，然而与他们傲慢的预期相反，经过18个月的战争之后，最终日本战胜了俄国。国内形势变得对尼古拉二世极为不利，社会主义和马克思主义思想在俄国城市无产阶级中间变得越来越有影响力。在1905年1月的"血腥星期天"，帝国军队向圣彼得堡的示威者射击，杀害了数百人。这导致俄国各地爆发了抗议行动，并且抗议行动逐渐升级成革命。尼古拉二世被迫设立国家杜马——一个选举出来的议会，还通过了俄国的第一部宪法。他始终把持着政权，在1905年俄国革命之后，通过迫害或监禁数千名激进分子，巩固了自己的统治。12年后，另一次革命将横扫俄国，并将推翻那里的帝国统治。

第四章 革命时代

卡尔·马克思（1818—1883）

　　卡尔·马克思或许是19世纪最具影响力的人物。他出生于德意志特里尔市（当时属于普鲁士）的一个犹太中产阶级家庭。他在大学期间学习法律和哲学，毕业后成了一名作家和记者。1843年，马克思搬到了巴黎，在那里他开始与共产主义和社会主义团体来往，还遇见了一生的挚友与合作者弗里德里希·恩格斯（1820—1895）。恩格斯是德国人，他的父亲是一位富裕的纺织品工厂主。他们两人合作写出了《共产党宣言》，并于1848年2月将该著作出版。书中认为历史是一个充满阶级斗争的过程。资本家推翻封建主义，建立了资本主义；而未来的社会主义社会将由无产阶级领导的革命所创建。在布鲁塞尔和科隆生活了一段时间之后，马克思于1849年搬到了伦敦，并在那里度过了人生中最后的时光。他和家人的生活很不稳定，恩格斯（也移居到了英国）给予了他们财务上的支持。在新闻工作和积极参加社会活动之外，马克思一直在研究和写作他的巨著《资本论》，并于1867年出版了第一卷（马克思去世后，恩格斯根据他的笔记完成了最后两卷并出版）。在人生的最后几十年里，马克思的健康出现了问题，这限制了他的写作能力。当他于1883年去世时，他已经在左翼人士团体之中颇有名气，不过，他的影响力要在之后的几十年里才会真正发挥出来。20世纪初，马克思主义将成为欧洲和全世界的社会主义运动的指导思想。

女性争取选举权

民族之春的民主运动主要关注为男性争取选举权。直到19世纪后期，欧洲的女性才开始为她们自己争取选举权，她们要与限制了她们的权利、受教育的机会和工作场所中地位的男权制度做斗争。欧洲各地形成了多个协会和团体，旨在为女性争取选举权。同时，欧洲也兴起了反对女性获得选举权的运动，这些反对者认为女性太过情绪化、太过冲动，不适合参与选举。芬兰是第一个给予女性选举权的欧洲国家，当时芬兰还是俄国的一部分，但享有高度的自治权。1906年，芬兰议会成立，并给予了女性选举和参与竞选的权利。第二年，芬兰举行普选，19位女性当选。接着，其余的北欧国家也纷纷给予了女性选举权：挪威于1913年，冰岛和丹麦于1915年，瑞典则在1919年。第一次世界大战对于女性选举权运动来说是个分水岭。由于第一次世界大战的爆发，许多女性进入工作场所，在大后方发挥了重要的作用。这导致在第一次世界大战结束之后，多个欧洲国家都通过了选举平等法，其中包括奥地利、德国、波兰、苏联、荷兰、比利时和卢森堡。众多其他的欧洲国家争取女性选举权之路则更为漫长：在西班牙，直到1933年女性才赢得选举权；法国要到1944年，而瑞典的一些地区则要晚到1991年。

第二次工业革命

第二次工业革命大约从1870年持续到1914年，它的特点是在制造业、运输方式、通信和能源领域取得了重大进步。虽然英国一开始是主要的工业大国，但其他的欧洲国家也开始奋起直追，并最终与英国并驾齐驱，特别是德国和法国。

在19世纪之前，长距离旅行要花费很长时间，而且非常昂贵。在第一次工业革命期间，许多欧洲国家建立了运河网道，这使得运送大宗货物变得更为容易。道路状况得到了改善，但按照现代标准来看，它们还十分粗糙，维护得也很不好。陆地运输最大的进步来自铁路。这本身并不是一项新技术——铁路只是轮式车辆运行的轨道，最早由马、人力或重力提供动力。当人们将蒸汽动力机车置于轨道之上运行时，他们便能极快地拉动重物。19世纪初，英国最早研发出了蒸汽动力机车，第一条运送乘客的铁路于1830年开通，位于利物浦和曼彻斯特之间。1835年，欧洲大陆上的第一条铁路在比利时开通。到19世纪40年代，法国、西班牙、德国和荷兰都开通了铁路。到20世纪，欧洲大陆已经建立起了一个铁路网，将整个欧洲的经济和文化连接到了一起。蒸汽还被用于为轮船提供动力。19世纪40年代出现了以螺旋桨提供动力的蒸汽轮船，这种轮船以更稳定的速度航行，使得跨洋旅行变得更为可靠和便宜（1884年发明了蒸汽涡轮，它使轮船能够航行得更远）。

内燃机的发明就像蒸汽动力一样具有革命性。这一领域内许多最早的创新都发生在德国。1885年，德国研发出了一个小到可以装在车辆（最初是一辆自行车）上的内燃机。第二年，卡尔·本茨（1844—1929）为一个驱动一辆自动车的引擎申请了专利，创造出了第一辆汽车。由于最初花费过高，所以直到20世纪中期，汽车才开始被当作一种用于大规模运输的交通工具。

19世纪80到90年代，欧洲开始采用电力。电力被用于照明以及为工厂和公共交通系统提供动力。电信号还被用于通过电报线路传送信息。在19世纪后半叶，欧洲铺设了数万英里的电缆，信息几乎实现了即刻传送。在人类历史上，我们绝对可以说电报的发明最大幅度地缩短了通信时间。电报发明之后，电话也很快发明出来，并从19世纪70年代开始变得相当成功。19世纪90年代，意大利发明家伽利尔摩·马可尼（1874—1937）用无线电信号进行无线交流，实现了通信领域内的另一项创新。

工厂将移动装配线和可互换零件运用到生产中，将电力、更高效的引擎和更廉价的钢结合起来。批量生产技术迅速提高了生产效率，降低了货物的价格。这也导致工人们被解雇，因为工厂不再需要他们，或者因为技术不娴熟的雇员也能做他们的工作。对于那些留下来的人，他们的工作往往变得更为单调，而且工作时间也变长了。到19世纪末，一个真正全球化的经济结构搭建起来，贸易和银行业将全球经济连接在了一起。

欧洲帝国主义

"新帝国主义"开始于19世纪中期，与15到18世纪以美洲为重点的"旧帝国主义"截然不同。这一时期，欧洲国家纷纷在欧洲大陆之外建立殖民地，特别是在非洲、亚洲和大洋洲。其中，英国和法国是两个最大的竞争对手，其他国家也参与其中，尤其是比利时、意大利、德国、西班牙和葡萄牙。

帝国主义的很大一部分动力源于发展经济。各个国家旨在为他们的工业获得市场，以及获取他们无法生产或种植的原材料，比如橡胶、象牙和咖啡。许多欧洲人试图以推广他们的宗教信仰、技术和社会风俗来"教化"其他文明。他们用"科学"种族论来证明自己的这一行为，该论断认为白种欧洲人站在文明的制高点，这赋予了他们将自己的规则和文明强加于人的权利。科技的进步使得帝国主义成为可能。蒸汽船使海洋旅行变得更为快速，电报使得他们能与祖国进行即时通信。新的医疗

B	英国
P	葡萄牙
D	荷兰
F	法国
S	西班牙
R	俄罗斯
T	土耳其

欧洲殖民帝国（1822年）

第四章 革命时代

手段的发展，特别是抗疟疾药物的出现，让欧洲人得以在热带气候中生活。机关枪和大功率火炮等武器的发明，使得欧洲大国即使在人数不占优势的情形下，也能以势不可挡的火力对抗当地的原住居民。

19世纪末，非洲是帝国主义最大的活动场所。从1884到1885年，13个欧洲国家（以及美国）在柏林开会，讨论非洲殖民问题。会议单方面决定，在通知了其他国家的前提下，任何欧洲国家都能在非洲无人认领的地区建立殖民地。会后，欧洲各国以惊人的速度占领非洲，将"瓜分非洲"变得合法化和正式化。到1902年，欧洲人已经控制了大约90%的非洲大陆。刚果自由邦就象征着帝国主义的这一残暴行径。1885年，比利时的利奥波德二世（1835—1909）建立了刚果自由邦，将其作为自己的私人领地。这一行为的唯一目的就是榨取当地的资源，特别是橡胶、象牙和矿产。利奥波德二世的军队强迫当地的人民工作，并且对那些没完成工作任务的人进行截肢。此外，他们还大肆屠杀那些不顺从管理的村民。在利奥波德二世的残暴统治之下，刚果的人口从2000万下降到了1000万。当这些暴行在1908年被公开之后，比利时政府开始直接管理刚果，结束了利奥波德二世统治时期的一些最残暴的行为。

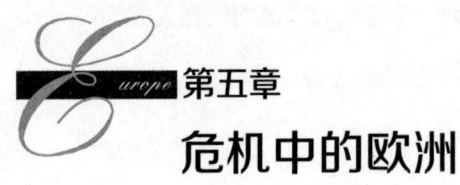

第五章
危机中的欧洲

欧洲的火药筒

19世纪初,塞尔维亚、黑山、希腊和保加利亚都脱离奥斯曼帝国,获得了独立。1902年春,他们形成了巴尔干同盟,受俄国的庇护,因为俄国想在该地区扩大自己的影响力。俄国还鼓励泛斯拉夫主义,这是一个旨在联合斯拉夫各民族并为他们赢得自治的运动。

巴尔干同盟形成之时,奥斯曼帝国正在地中海东部与意大利作战。1912年10月,双方的冲突结束,奥斯曼帝国放弃了对利比亚[①]和十二群岛[②]的统治。巴尔干同盟也在这个月向奥斯曼帝国宣战,希望拔除他们在东南欧——包括阿尔巴尼亚、马其顿和色雷斯——最后的立足点。第一次巴尔干战争对于奥斯曼帝国来说是一场灾难。希腊海军控制了爱琴

---

① 北非的一个国家。
② 爱琴海东南部的群岛,由12个较大的岛屿和150多个小岛组成。

海，阻止了奥斯曼帝国援军的到达。保加利亚军队向色雷斯进军，危及伊斯坦布尔。塞尔维亚和黑山则挺进了阿尔巴尼亚和马其顿。1913年5月，战争结束，双方签订《伦敦条约》，奥斯曼帝国几乎丧失了在欧洲的所有领土。

巴尔干同盟对占领地产生了分歧。由于保加利亚试图控制马其顿，并攻击了驻扎在那里的塞尔维亚和希腊军队，于是，1913年6月，第二次巴尔干战争爆发。对于保加利亚来说更糟糕的是，奥斯曼帝国和罗马尼亚入侵，占领了他们的领土。保加利亚展开了和平谈判。各参战国签订了《布加勒斯特和约》，马其顿的大部分领土被塞尔维亚和希腊（还获得了克里特岛）瓜分，阿尔巴尼亚成为一个独立的公国。发生于1914年夏天的事件表明，巴尔干战争并未结束该地区的紧张局势。

七月危机

1914年6月28日，奥匈帝国的王位继承人弗朗茨·斐迪南大公（1863—1914）在访问萨拉热窝时被暗杀。5周之后，欧洲爆发了战争。事态为何发展得如此迅速？

到1914年，欧洲分成了两个势力阵营。一个是三国同盟，由德国、奥匈帝国和意大利组成；另一个与他们对抗的阵营是三国协约，由俄国、法国和英国组成（日本也加入了，但它参与的大部分是亚洲的战争）。自从19世纪70年代开始，欧洲大国纷纷发展军事能力，储备军队，研发新的军事技术，比如机关枪、飞机和毒气。大多数国家都开始征兵（英国除外），储备了几万名士兵。若有详细的国家动员计划，他们就会被召集起来，并被转移到战略地点。各方都认为只有比敌人更早地实行这些计划，它们才能发挥效力，所以各方都希望能成为最早实施动员计划的那一个，从而获得优势地位。"攻势崇拜"则使得这一想法更为深入人心，这一观点认为采取攻势的军队将具备压倒性的优势。这样一来，外交机会就更为渺茫了，将领们都认为先发制人至关重要。德国的施里芬计划是其中最为详尽的作战方案，该计划认为德国应借道比利时和卢森堡，攻击法国。这样一来就能绕过法国的边界防御，他们就会很快被打败，接着，德国就能迅速将力量转向东边，攻击俄国。预计俄国要花几个月的时间才能完全动员起来。

弗朗茨·费迪南大公对波黑的访问极具争议。奥匈帝国于1908年吞并了该地区，那些希望将斯拉夫人的土地统一成一个单一国家的人们对此十分愤怒。他们组织了多个泛斯拉夫团体，大多数得到了塞尔维亚的支持，包括波斯尼亚青年。他们中的一员——加夫里洛·普林西普（1894—1918），在弗朗茨·费迪南大公和他的妻子——霍恩贝格女公爵苏菲（1868—1914）乘坐的汽车驶过萨拉热窝时将这二人射杀。奥匈帝国认为塞尔维亚人应对这次暗杀负有部分责任，并希望与他们开战，阻止他们对泛斯拉夫主义的宣传。这一行为冒着激怒俄国的风险，因为俄国是塞尔维亚的一个主要的支持者。对于奥匈帝国来说幸运的是，德国政府保证给予他们完全和全部支持，并给他们开了一张对抗塞尔维亚的"空头支票"。7月23日，奥匈帝国向塞尔维亚发布最后通牒，要求塞尔维亚逮捕参与这次暗杀行动的人，并结束对泛斯拉夫叛乱者的支持。虽然塞尔维亚满足了对方的所有要求，但奥匈帝国还是于7月28日向他们宣战。于是，欧洲各国纷纷发布了一系列动员和声明。7月31日，俄国发起总动员。第二天，德国向俄国宣战，开始动员（法国也开始动员）。速度对于德国来说至关重要，他们已经开始实施施里芬计划。8月2日，德国军队开进卢森堡，第二天，入侵比利时，并向法国宣战。8月4日，英国政府向德国宣战，因为它在1839年签订的《伦敦条约》中承诺保护比利时的中立地位。这也将英联邦国家卷入了战争。

一开始，各国对于战争都极为狂热。欢呼雀跃的人群聚集在欧洲各国的首都，后备部队集结起来，无数人加入军队。德国自信地认为战争会"在圣诞节前结束"——但他们的乐观主义很快被击碎。

西方战线（1914—1917）

在进攻比利时及之后对该国的占领过程中，德国对平民施加了无数暴行，杀害了数千人。

最终，德国军队入侵法国北部，开到距离巴黎只有50英里（1英里等于1.6093千米）的地方。在9月初的第一次马恩河战役中，英法联军共同对抗德军，挽救了法国首都，他们甚至还动用了一个由巴黎出租车组成的车队将士兵运到前线。接着，双方军队都试图从侧翼包抄对方，但他们的计谋破产了，最终双方陷入了僵局。到1914年底，双方都挖了大量壕沟，形成了自己的防御线。西方战线成为战壕体系（被无人之地分开），战壕一直从瑞士边界延伸到北海。由于使用了机关枪、铁丝网和重型火炮，防御方获得了巨大的优势，若德国继续进攻，势必会造成巨大的伤亡。德国意识到己方无法一举攻下法国，于是便决定巩固自身力量，采取消耗战略。

1915年，西方战线基本上陷入了僵局，1916年，暴力发展到了前所未有的程度。德国认为造成巨大的伤亡就能"让法国的血流干"。于是，它将法国重兵把守的凡尔登作为进攻目标。经过10个月的残酷战争（持续时间最长的战争），法国拒不撤兵，最终击退了德军。超过30万人在凡尔登战役中死亡。1916年夏天，协约国决定在索姆河发动大规模反攻，英军在其中发挥了主要作用。虽然协约国没有达到所有目标，但索姆河战役解除了维当的压力，极大地限制了德军的力量。

1917年，德国开始转入防守。3月，他们撤退到了兴登堡防线，这是一个复杂的防御系统，由55英里的铁丝网、机枪掩体和加固了的混凝土阵地组成。法国发动攻击之后失败了，并为此付出了惨重的代价，这导致法军内部发生了大规模兵变。巴雪戴尔战役是1917年下半年发生的主要战役，战场在潮湿的沼泽地区——荒凉的佛兰德斯，协约国获得了一些胜利，但遭受了巨大的人员伤亡，却无法取得决定性的突破。随着1918年的到来，西方战线还毫无战争结束的迹象。

土耳其和加里波利战役

1914年8月2日，德国和奥斯曼帝国结成同盟。奥斯曼帝国允许德国在其领土之内自由行动，德国则将强化和帮助训练奥斯曼帝国的军队。第一次世界大战爆发时，奥斯曼帝国宣布中立，但因为与德国结成了同盟，他们还是在开战后的第4个月就加入了战争。

1915年初，土耳其成为协约国的主要进攻对象。当西方战线陷入僵局之后，协约国对加里波利半岛发动了攻击，他们希望这成为进攻伊斯坦布尔的序曲。加里波利战线将成为协约国在第一次世界大战中最大的失败之一。大英帝国和法国的陆军于4月登陆，他们建立了两个滩头堡，但遭受了巨大的人员伤亡。由于多岩石的地形、疾病和奥斯曼帝国激烈的抵抗，他们无法入侵太多地区。1915年12月，协约国的部队开始撤退，并于1916年1月全部撤出了加里波利半岛。

奥斯曼帝国的军队继续在巴尔干半岛、高加索地区和中东作战。战争期间，奥斯曼帝国内部发生了杀害和驱逐亚美尼亚人的种族灭绝运动，亚述人和希腊人同样也是该国实施暴力的对象。1918年10月，奥斯曼帝国与协约国签署停战协议。1920年，他们签订了《色佛尔条约》，该条约使得奥斯曼帝国开始解体，除土耳其之外的其他地区均获得了独立。由于该条约的条款太过苛刻，一位名叫穆斯塔法·凯末尔（1881—1938）的军官领导了一场土耳其民族主义武装起义，反对《色佛尔条约》。起义推翻了最后一位苏丹——穆罕默德六世（1861—1926）的统治，并于1923年宣布成立土耳其共和国。协约国在《洛桑条约》中认可了土耳其共和国的国界。凯末尔成为共和国的总统，并推行了一系列现代化改革措施；他被赐予"阿塔图尔"一姓，意为土耳其人之父。

意大利战线与墨索里尼的崛起

意大利原先是三国同盟的一部分，但在第一次世界大战爆发之后，它宣布中立。意大利政府没有参战，因为它将三国同盟视为防御性同盟，自己并没有义务在同伴发起进攻时采取行动。此外，意大利一直以来便对奥匈帝国控制着有大量意大利民族人口居住的地区十分不满。1915年4月，意大利与协约国签订《伦敦协议》，意大利同意转而向协约国效忠。作为回报，在胜利之后意大利将获得奥地利的领土，并且阿尔巴尼亚还将成为它的被保护国。5月，意大利向奥匈帝国宣战，并入侵奥匈帝国的领土。意大利战线的战争特征，大体上与西部战线的阵地战相同，但这种作战方式在多岩石的山地地区无法发挥作用。虽然1917年德国向奥匈帝国派出了援军，但意大利还是运用这种"山地战"取得了胜利，迫使奥匈帝国在1918年11月3日签订了停战协议。

虽然意大利作为战胜国结束了战争，但国内的许多人都认为这是一次"残缺不全的胜利"，因为意大利并没有获得协约国向它许诺的所有领土，而且还被排除在外，无法参与瓜分德国之前的殖民地。意大利在战争中有65万人死亡，还背上了沉重的债务，但得到的却很少。前记者、退伍军人墨索里尼（1883—1945）领导了意大利的法西斯运动，他充分利用了人民的不满情绪，得到了越来越多人的支持。1922年，墨索里尼在罗马大游行—— 一群他的支持者举行的游行——之后掌握了大权。他一开始担任首相，但在1925年他采用了"领袖"①的头衔，将意大利变成了一个一党专政的国家。墨索里尼试图让意大利成为罗马帝国的继承者，为此，他不仅致力于培养意大利在地中海地区的影响力，还在非洲建立了殖民地。从1935到1936年，意大利运用飞机、坦克和毒气入侵并占领了埃塞俄比亚，废黜了那里的国王。至少在当时看起来，墨索里尼取得了胜利。

---

① 原文为Il Duce，意为领袖。

俄国与东方战线

战争刚开始时,俄国遭到了惨败。1914年8月末,他们在坦能堡(现今波兰东北部)战役中遭到了德军的毁灭性打击。俄国在加利西亚(这一地区现分属乌克兰和波兰)则要成功一些,在那里击败了奥匈帝国的军队。1915年,由于缺少弹药和军官,俄国军队只能后撤。最终,他们稳定了自己的地位,增加军工业,缓解了供应问题。1916年6月,俄国对加利西亚发动进攻。虽然遭受了巨大的人员伤亡,但在战略上取得了极大的成功,后来德国军队的介入才使得奥匈帝国免遭灾难。随着奥匈帝国被削弱,罗马尼亚也加入了协约国,希望获得特兰西瓦尼亚。参战对于罗马尼亚来说最终成了一场灾难,虽然得到了俄国的帮助,但他们最终还是被打败了,并于1917年12月被迫投降。

俄国民众也越来越厌战,他们对死亡人数的增长和粮食的短缺非常不满。尼古拉二世亲自担任俄军总司令,这意味着他与所有的军事失利绑定在了一起。由于尼古拉二世经常待在前线,他并不知道自己的统治已经失去了民心。他的妻子亚历山德拉·费奥多萝芙娜(1872—1918)代摄朝政,但由于她的德国血统,亚历山德拉遭到了公众的反对与憎恶。而且,她还成了一位西伯利亚的神秘主义者格里高利·拉斯普京

（1869—1916）的追随者。拉斯普京声称自己能够治愈尼古拉二世与亚历山德拉的儿子的血友病，因此对王室家族产生了一定的影响力。拉斯普京的影响力还延伸到了政治事务上，进一步削弱了沙皇的统治。1916年12月，一群对拉斯普京极为不满的贵族将其暗杀（下毒、用刀捅加上射杀），但即使除掉了拉斯普京也并没有为俄国带来稳定。

彼得格勒——该城市一开始名为圣彼得堡，但因这个名字太像德国的城市名字，故在第一次世界大战刚开始时就被改名为彼得格勒——弥漫着不满情绪。在二月革命（实际上发生于欧洲大多数地区使用的公历时间是3月16日到18日，因俄国仍旧使用老的儒略历[①]，所以日期差不多比公历晚两个星期）中，抗议升级成了大规模游行。士兵和警察发动叛变，秩序崩溃。俄国各地成立了名为"苏维埃"的工人代表会——最大和最重要的一个成立于彼得格勒。由于权威不再，尼古拉二世被迫退位。国家杜马组成了临时政府，虽然彼得格勒的苏维埃依然手握很大的权势。尽管军官的权力被"士兵委员会"大大削弱了，但俄国仍在参战，并于1917年7月发起了进攻。俄国的进攻失败了，军队秩序进一步崩溃，临时政府变得越来越不得人心。另一场革命即将到来。

弗拉基米尔·列宁（1870—1924）是一位俄国共产党领袖，他于1907年被迫流亡国外，最终定居瑞士。二月革命之后，德国当权者允许

---

① 罗马共和国于公元前45年1月1日起执行的一套历法，取代了之前的罗马历，是罗马共和国的独裁官儒略·恺撒采纳了数学家兼天文学家索西琴尼的计算后制定的。16世纪前，西方国家大多采用这一套历法。俄国于1700—1918年采用儒略历。

他乘坐一列密封的火车经由德国的领土返回俄国，希望他在俄国传播混乱。列宁领导的社会主义革命政党名为布尔什维克，他认为发动另一场革命是必要的，因为资产阶级把持着临时政府。在十月革命（发生在11月7日到8日）中，列宁在彼得格勒领导了一场武装起义，为布尔什维克夺取了权力。他宣布成立俄罗斯苏维埃联邦社会主义共和国，并宣称他们将会结束战争；第二个月，俄国宣布停战。

俄罗斯苏维埃联邦社会主义共和国与同盟国的谈判很快就破裂了。1918年初，德国和奥匈帝国入侵俄国的领土，迫使他们接受了严苛的和平条款。3月3日，苏俄政府与同盟国签订了《布列斯特-立托夫斯克和约》，俄国放弃芬兰、波罗的海各国、白俄罗斯和乌克兰。将首都迁回莫斯科的苏维埃政权面临着与俄国白军的内战。俄国白军是一个由反对团体组成的联盟，得到了同盟国的支持，同盟国给他们送来了金钱、装备和援兵。7月，尼古拉二世及其家人被处死，因为苏俄政府担心他们会成为反革命运动的傀儡领袖。1919年，苏联红军①进攻乌克兰，在那里与白军和波兰军队交战。第二年，白军的主力被击败；1921年，苏俄与波兰议和。俄国东部的战争还在继续，直到1922年，苏联红军才战胜了剩余的反对军。同年，苏维埃社会主义共和国联盟②宣布成立，由列宁领导，最初的加盟共和国包括俄罗斯、乌克兰、白俄罗斯、亚美尼亚、阿

---

① 全称为苏联工农红军，是1917到1945年苏联陆基和航空武装力量的统称，是由列宁、斯大林、托洛茨基和伏龙芝等人缔造的。

② 以下简称苏联。

塞拜疆和格鲁吉亚（到了20世纪二三十年代，它将扩张到中亚）。

第一次世界大战的结束

1914年，德国的U型潜艇开始攻击在大西洋上航行的船只，旨在封锁英国的粮食进口，迫使他们投降。即使中立的船只也成了他们的攻击目标，这导致美国在1917年4月加入协约国一方参加战斗（美国参战的另一个原因是，德国向墨西哥发出外交提议，邀请墨西哥加入同盟国一事的曝光）。美国的工业实力与援军为协约国提供了至关重要的助力。

随着俄国的战败，1918年春，德国在西方战线展开了大规模进攻，希望在美国的援兵充分部署之前战胜协约国。他们一开始取得了一些胜利，但没能保持住优势。8月，协约国开始了大规模反攻，多亏了人数上的巨大优势以及德军的疲惫不堪，他们赢得了一系列战役。在这次的"百日攻势"中，德军不断失去土地，几千名德国士兵投降。

到了10月底，德国的军事形势变得十分绝望。它的盟友保加利亚和奥斯曼帝国已经投降，而奥匈帝国则处于放弃抵抗的边缘。德国开始进行初步的和平谈判。尽管战争很快结束，但德国海军还是在北海发动了最后一次对皇家海军的攻击。驻扎在德国北部的水手们不愿参与这样一次徒劳而且纯粹是象征性的攻击，兵变遂起。第二周，暴动就传遍了这个厌战的国家。11月9日，国会的社会主义成员宣布德国成立共和国。当时身在比利时的德国军队中的德皇威廉二世（1859—1941）被迫退位，逃亡荷兰。

11月11日早上5点，新的德国政府与协约国签署了停战协议。6个小时后双方停火，德国军队从莱茵河东岸撤退。由于协约国从未真正入侵德国，有一种说法便认为德国并没有真的战败，而是被国内革命"在背后捅了一刀"。虽然和平谈判的最终条款还有待协商，但第一次世界大战终于结束了——总共有850万军人在这次战争中丧生。

《凡尔赛条约》

1919年1月18日，巴黎和会召开。虽然有27个国家正式参会，但法国、英国、意大利和美国"四巨头"在很大程度上主导了这次会议。美国总统伍德罗·威尔逊（1856—1924）十分理想化，他极力主张与德国达成温和的和解方案，而英国和法国则试图强加给德国更具惩罚性的方案。6月28日，双方签订《凡尔赛条约》。德国对该条约的条款没有任何发言权，它不得不支付巨额战争赔款，还丧失了殖民地帝国，被迫放弃欧洲的领土，而且未来还需要限制军事力量。此外，莱茵河左岸地区由协约国占领15年，德军不得设防。"战争罪责"这一条款规定德国必须对发动这次战争负全部责任。

　　奥匈帝国也被视作对战争的爆发负有责任,战胜国也在战后慎重考虑了他们的命运。9月10日,奥匈帝国与协约国签订《圣日耳曼条约》。该条约创建了新的奥地利共和国以及独立的匈牙利、捷克斯洛伐克和波兰等国家。点燃冲突的巴尔干半岛也有一些大变化。第一次世界大战结束后不久,塞尔维亚加入了黑山。《圣日耳曼条约》的签订导致该国与奥匈帝国之前在巴尔干半岛上的领土合并起来,形成了塞尔维亚-克罗地亚-斯洛文尼亚王国(1929年改名南斯拉夫)。那些希望建立一个独立的南斯拉夫国家的人们终于实现了梦想。1919年11月,协约国与保加利亚(1915年加入同盟国)签订了《纳伊条约》,保加利亚失去了在希腊、南斯拉夫和罗马尼亚的领土,并且还要向协约国支付战争赔偿。最终,1920年6月,协约国与匈牙利签订了《特里亚农条约》,该条约制定了匈牙利的边界,将它限制为一个内陆国家,并限制了匈牙利的军事力量。

　　1920年1月,国际联盟成立,这也是巴黎和谈的一个成果。成立国际联盟的目的,是为各国安全提供一个和平的活动场所,促进裁军,以及通过外交手段解决纠纷。可惜的是,美国没有加入这个新组织。虽然国际联盟早期在解决纠纷上取得了一些成果,但因为它没有能力采取惩罚措施,所以它的能力也受到了限制。它对20世纪30年代的侵略行动和军备扩张无能为力,只能眼睁睁看着世界滑向了另一次全球性冲突。

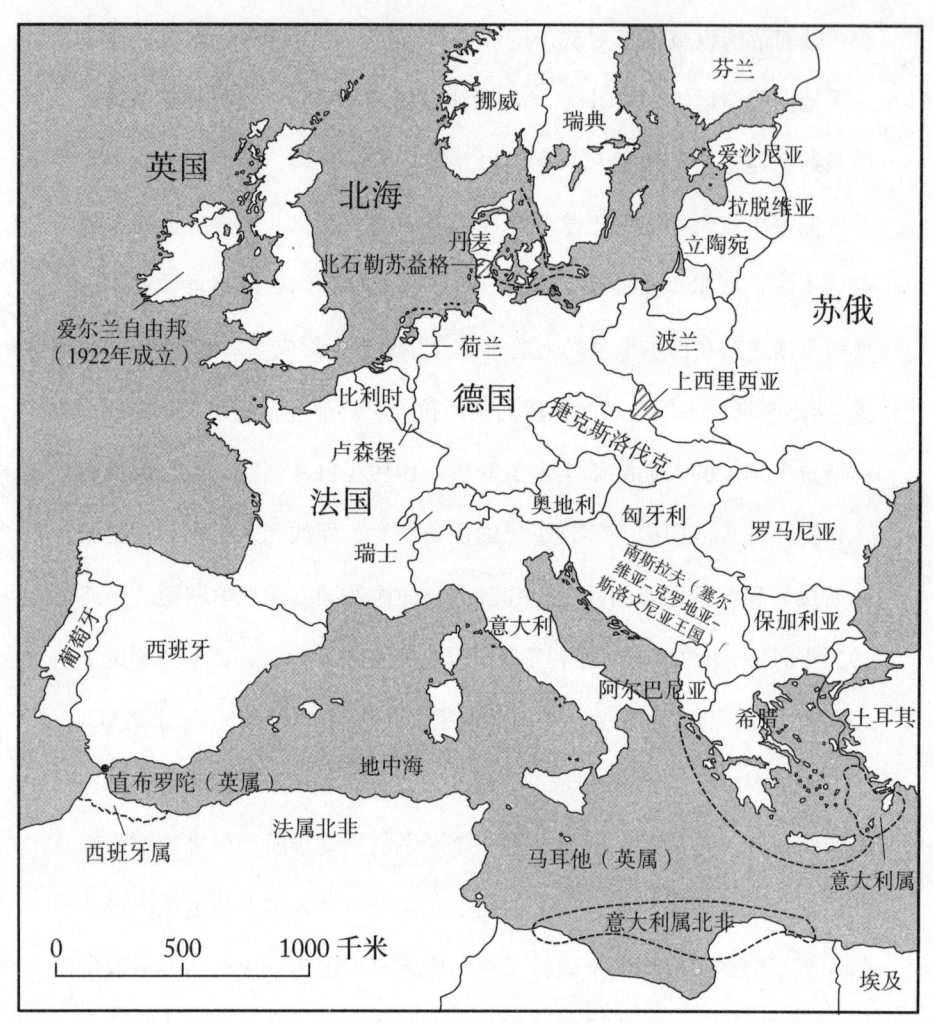

第一次世界大战之后的欧洲

玛丽·居里（1867—1934）

玛丽·居里出生于华沙，原名玛丽亚·萨洛米·斯可罗多夫斯卡。她一开始在地下"飞行大学"秘密地学习，之后于1891年离开家乡，前往巴黎继续学业。她开始在索邦大学上课，并进行科学研究工作。1894年，她遇见了法国物理学家皮埃尔·居里（1859—1906），第二年他们俩结婚，开始一起工作；1898年，他们发现了两种新元素：钋（以波兰命名）和镭。1903年，玛丽·居里获得博士学位，并于1903年和皮埃尔共同获得了诺贝尔物理学奖。她是第一位获得诺贝尔奖的女性。1906年，悲剧发生了，皮埃尔在过马路时摔倒，被一辆马车碾过，因头骨骨折当场死亡。之后，玛丽·居里继续工作，她成了索邦大学的教授，并于1911年获得了另一项诺贝尔化学奖。在第一次世界大战期间，她研发出了移动X射线，能用于治疗在战场上受伤的士兵。由于常年在工作中接触放射性物质，她于1934年去世。

德国魏玛和希特勒的崛起

在从第一次世界大战的影响中慢慢复原之时,德国还面临着左翼分子的暴动。其中最大的一次暴动发生在柏林,由共产主义团体斯巴达克团(以古罗马奴隶起义领袖的名字命名)领导。临时政府向军队和自由军团——一个由民族主义者组成的民兵组织——求助,以期重建秩序。1919年1月,德国选举出了一个国民议会(德国女性在这次选举中首次享有投票权)。由于柏林还在动乱之中,于是国民议会便在距离柏林50英里之外的魏玛召开,并在那里起草了一部宪法,建立了一个民主议会制的共和国。

由于之前借了太多债务来投入战争,德国政府的财政状况出现了危机。战争赔款必须以黄金或外币支付,这又使得国家财政状况更为恶化。在德国拖欠赔款之后,法国和比利时联军于1923年占领了鲁尔工业区,这样他们就能向德国征收货物取代现金。恶性通货膨胀使得德国的货币变得极不值钱,到11月,4万亿马克只能兑换1美元。德国试图通过重新稳定货币和减少战争赔款等改革措施来摆脱财政混乱。

一个在巴伐利亚成立的法西斯团体——民族社会主义德国工人党(更有名的名字是"纳粹党")将此视为夺取大权的机会。其领袖阿道夫·希特勒（1889—1945）出生于奥地利，是一名退伍军人，曾在西方战线作战，他试图通过领导一场从慕尼黑到柏林的游行发动政变。1923年11月的"啤酒馆暴动"悲惨地失败了，希特勒被逮捕，并被判犯有严重的叛国罪，但他只坐了一年牢。在20世纪20年代接下来的几年中，德国在政治和经济上都很稳定。1929年10月，华尔街大崩盘，这导致了20世纪30年代的大萧条，德国的这一段风平浪静的时期也随之结束。这是20世纪影响最广泛，也是最严重的经济危机，引发了国际贸易的中断和大规模失业。

经济危机对于纳粹党来说是一份礼物。希特勒在德国做巡回演讲、举行集会，纳粹党的队伍不断壮大。他承诺撕毁令人憎恶的《凡尔赛条约》，再加上他用花言巧语宣扬反犹太和民族主义，很快就吸引到了一大批渴望寻找替罪羊的人们的支持。纳粹的民兵组织——褐衫党，暴力镇压他们在政治上的竞争对手。1932年7月，纳粹党成为国会中最大的党派；1933年1月，希特勒成为德国总理。同年2月，一个荷兰共产主义者烧毁了国会大厦。希特勒利用这次大火，趁机推行专制法令，巩固纳粹党的统治。在3月的选举之后，纳粹党依然是国会中最大的党派，虽然他们的人数不是最多的。由于得到了德国国家人民党的支持，他们通过了一项授权法案，获得了修改宪法的权利。希特勒将德国变成了一个一党专政的法西斯国家，他自己担任国家元首[①]，拥有庞大的权力。他废除了工会，通过了种族主义法和反犹太法，以此保证德国种族的"纯净"。

---

① 原文为Führer，意为元首、领袖。

一个叫作"盖世太保"的秘密警察组织负责维护国家秩序，同时希特勒在1934年的"长剑之夜"①肃清了自己的政敌。欧洲其他国家将会发现，希特勒对于德国的计划已经产生了更为广泛的影响。

爱尔兰独立

19世纪，爱尔兰自治运动的规模和影响力逐渐壮大。许多集中在国家北部的清教徒十分反对自治运动，因为他们认为这将导致天主教占据统治地位。另一方面，呼吁国家完全独立的爱尔兰共和党变得越来越有影响力。经过多次失败的尝试之后，1914年，威斯敏斯特的国会通过了一部法律，给予爱尔兰自治权。然而，第一次世界大战爆发之后，这项法令中止了。1916年复活节，爱尔兰共和党在都柏林发动起义。英国在6天之内平定了叛乱，处决了大批叛乱头目。1919年，爱尔兰共和党与英国之间爆发游击战。1921年，双方议和，根据和约，爱尔兰建立爱尔兰自由邦，作为在英联邦之内的自治领。其中6个清教徒占大多数人口的郡享有自由选择是否继续留在英国的权利，而

---

① 希特勒因无法控制冲锋队的街头暴力而将其视为对自己政权的威胁，所以想除去冲锋队及其领导人恩斯特·罗姆，于是便在1934年6月30日至7月2日发动了清算行动，处决了一系列纳粹冲锋队成员。

第五章 危机中的欧洲

他们也确实选择了留下，成为北爱尔兰。该和约分裂了爱尔兰共和党，他们中的许多人都反对爱尔兰的分治。1922年6月，支持和约与反对和约双方之间爆发了爱尔兰内战。1923年5月，支持和约方获得了胜利。1949年，爱尔兰成为共和国，正式切断了与英联邦以及英国王室的关系。

阿尔伯特·爱因斯坦（1879—1955）

爱因斯坦出生于一个犹太中产阶级家庭，他在德国南部长大，早在青少年时期便对数学和物理学十分着迷。1896年，他进入苏黎世的瑞士联邦理工学院，此前他放弃了德国身份，因此避免了服兵役（他一直没有国籍，直到1901年加入瑞士籍）。1900年毕业后，爱因斯坦没能获得大学教职，因而进入了伯尔尼的瑞士专利办公室工作。在那里，他继续思考科学问题。在1905年——他的"奇迹之年"，爱因斯坦发表了4篇将彻底改变物理学的论文，改变了人们对宇宙的认识，他还因此获得了苏黎世大学的博士学位。他变得越来越有名，最终获得了教职，还开始在国际上做巡回演讲，并于1913到1933年间担任柏林大学的威廉皇帝科学研究所所长。他发现了相对论，解释了粒子之间的相互作用以及重力法则,并于1921年获得诺贝尔物理学奖。纳粹党的崛起使爱因斯坦成为反犹太攻击的焦点人物。

1933年,当希特勒成为德国总理之时,爱因斯坦正在访问美国。由于他的职业生涯和生命处于危险之中,他决定不返回德国,在新泽西州的普林斯顿高等研究院任职,并于1940年成为美国公民。在第二次世界大战期间,爱因斯坦的工作(特别是他著名的等式$E=mc^2$)奠定了原子分裂的基础。1939年,爱因斯坦作为一位和平主义者,给罗斯福总统写了一封联名信,建议美国开发原子弹。当原子弹在1945年得到应用之后,爱因斯坦又参加了强调原子战争的危险性的全球运动。在他生命的最后十年中,爱因斯坦一直在探索"统一场论",这一理论将统一所有的物理学法则。然而,1955年,他因心脏并发症去世,始终没能完成这个理论。

西班牙内战

西班牙在第一次世界大战期间始终保持中立,1931年,它废黜了立宪制君主,成为共和国。1936年2月,人民阵线——一个左翼政党联盟在西班牙的选举中胜出。同年7月,一群右翼民族主义军官试图推翻政府,但这次政变没能赢得西班牙的全部控制权,反而将这个国家分裂成了两个部分，一部分由共和党控制，他们支持民主选举的政府；另一部分则由军队支持的民族主义者控制。于是，西班牙迅速陷入了内战。

弗朗西斯科·佛朗哥（1892—1975）将军成了民族主义者的领袖。他想建立一个以他自己为核心、社会风气保守的独裁政权。西班牙内战成为法西斯主义和民主主义斗争的象征，双方都开始向海外寻求帮助。共和党吸引了几千名志愿者加入自己的阵营，但除了苏联之外，他们没能从其他国家获得任何正式的支持。与之形成鲜明对比的是，民族主义者得到了意大利、德国和葡萄牙的积极支持。这三个国家为民族主义者提供了正规的军事支持和训练以及志愿者，还向其供应武器和交通工具。

民族主义者不断赢得胜利，而共和党则节节败退。1939年，战争结束。1月，共和党的大本营巴塞罗那陷落，接着在3月，马德里失守。1939年4月1日，佛朗哥宣布取得胜利，他将几千个敌人处死或扔进监狱，有些政敌则逃到了国外。

第二次世界大战爆发

希特勒的对外政策粗暴地扰乱了欧洲。他决意吞并德意志民族生活的所有领土，并通过征服东方的领土来为他的人民赢得生存空间。他撕毁了对德国施加了严苛限制的《凡尔赛条约》，停止支付战争赔款，集结德国的军事力量，还于1936年收复了莱茵河左岸地区。面对希特勒的政策，欧洲的各个大国均采取了绥靖策略。1938年3月，德奥合并，即德国吞并奥地利时，他们选择了袖手旁观，尽管德国的这一行为是《凡尔赛条约》明令禁止的。希特勒的下一个野心是占领苏台德区——捷克斯洛伐克的一个地区，大多数人口为德意志民族。同年9月，意大利、法国、英国与德国签订《慕尼黑协定》，允许德国吞并苏台德区，但这并没有限制住德国对捷克斯洛伐克领土的野心。1939年3月，他们占领了捷克斯洛伐克剩下的领土，并与匈牙利、波兰和新建立的纳粹附属国斯洛伐克瓜分了这些占领的土地。

接着，希特勒将着眼点放到了波兰。由于他的行为越来越具有挑衅性，英国、法国与波兰结盟，承诺如果德国入侵波兰，他们将保护波兰的独立。8月23日，苏联与德国宣布签订《苏德互不侵犯条约》，其中还有一些双方如何瓜分中欧和东欧的秘密条款（该条约为苏联红军于1940年6月占领之前独立的波罗的海共和国——爱沙尼亚、拉脱维亚和立陶宛铺平了道路，7月，这三个国家都被苏联吞并），世界为之震惊。《苏德互不侵犯条约》拉开了德国入侵波兰的序曲，紧接着，德国于9月1日对波兰发起进攻，第二次世界大战由此爆发。两天后，法国和英国（以及英联邦国家）对德宣战。但他们没能拯救波兰。德军攻破了波兰的防线，9月中旬，红军从东方入侵波兰。10月6日，波兰战役结束，德国、苏联和斯洛伐克瓜分了波兰。

在接下来的6个月里，欧洲进入了一段令人惴惴不安的平静时期，一些人因此将之前的冲突称之为"假战争"。1940年4月9日,德国入侵丹麦和挪威,这种相对平静的状态结束了。经过1天的抵抗之后,丹麦陷落,而挪威则坚守到了6月。直到1945年,这两个国家才从德国的占领之下解放出来。5月10日,德国对法国和低地国家(英国远征军也渡过了英吉利海峡)采取闪电战术。一周之后,德国占领了荷兰,5月底,比利时投降。德国从多山、森林密布的阿登高地地区入侵法国,打了法国一个措手不及,因为他们一直以来都认为坦克无法从该地区通行。这样一来,德军就绕过了法军坚固的边境防御——马其诺防线。德国的入侵分裂了同盟国,超过30万人被困在法国北部,他们只能孤注一掷,希望能从敦刻尔克撤退。6月10日,德国的盟友意大利向同盟国宣战,入侵法国南部。法国政府倒台,6月22日,菲利浦·贝当(1856—1951),一位参加过第一次世界大战的将军签署了停战协议。德国占领了法国北部(包括巴黎)以及英吉利海峡与大西洋的沿岸地区,意大利占领了东南部的一些领土,贝当则在维希镇领导着一个德国的傀儡政权,统治法国那些未被占领的地区。

英国当时由以温斯顿·丘吉尔(1874—1965)为首的联合政府领导,也面临着德国入侵的威胁。如果德国要将军队运到英国,那么夺取对英吉利海峡上空和海洋的主导权就十分必要,但在这一点上,他们失败了。即便如此,德国也即将完全占领欧洲。

东方战线

希特勒还有一个劲敌需要面对：苏联——共产主义的优秀捍卫者，是在意识形态上与纳粹主义无法调和的敌人。虽然他们之前签订了互不侵犯条约，但德国和其他轴心国还是准备入侵苏联。由于巴尔干战役——轴心国赢得了对阿尔巴尼亚、希腊和南斯拉夫的控制权——的爆发，他们的计划推迟了一个多月。尽管占领了这些地区，但轴心国一直面临着当地抵抗组织的反抗。

1941年6月22日，一支由360多万人组成的轴心国军队入侵苏联，战线绵延1800英里。该支军队主力为德军，还包含德国的同盟国——罗马尼亚、芬兰、意大利、匈牙利、斯洛伐克和克罗地亚（西班牙和葡萄牙的志愿者也参与其中）——的军队。他们的目标是在10月底冬天真正来临之前征服苏联欧洲部分的领土。轴心国的入侵部队兵分三路：一支从波罗的海国家向列宁格勒进军，一支从白俄罗斯向莫斯科进军，一支从乌克兰向高加索地区的油田进军。虽然多次经人提醒，但斯大林始终不愿相信苏联会受到攻击，所以苏联的防御是完全不充分的。一天之内，轴心国就击溃了他们的抵抗，将战线往前推进了50多英里。而苏联红军武器质量低劣，且指挥不力——因为数千名有经验的军官都在斯大林的大清洗中遭到了清算。东方战线是第二次世界大战中最残酷和最残暴的战场。东方战线的死亡人数将近占到了第二次世界大战总死亡人数的一半，这儿还经常发生屠杀平民的行为。双方都运用了焦土战术，乡村变成了废墟。

苏联刚受到武装入侵时十分震惊，震惊过后，他们便重整旗鼓。轴心国没能马上夺取列宁格勒，而是又花了两年时间才攻下这座城市。苏联的军队击退了轴心国对莫斯科的攻击，还将军工业搬到了东方、敌人的攻击范围之外。从1941年冬天到1942年冬天，轴心国的入侵速度慢了下来。在战线后方，他们还面临着武装反抗，因为残暴地对待所占领的苏联领土之上的人民，所以他们不断地受到群情鼓舞的游击战的侵扰。1942年夏天，轴心国发动进攻，旨在占领阿塞拜疆的油田。而苏联西南方的斯大林格勒（现名伏尔加格勒）挡住了他们的去路，这座城市是苏联主要的工业中心和交通枢纽。斯大林格勒战役象征着东方战线的大屠杀。1942年8月，轴心国发起进攻，将斯大林格勒变成了一片瓦砾场。接下来，双方在废墟之中进行艰苦的巷战，苏联红军顽强支撑，直到1942年冬天，苏联发起了反攻。

轴心国军队在斯大林格勒被包围，被迫于1943年2月投降。此后，轴心国再也没能获得东方战线的主动权；由于补给线拉得太长，他们的人力也在逐渐减少。1943年夏天，轴心国在库尔斯克发动了一场针对苏联的大规模进攻，这也是史上最大的一场坦克战。德军攻势猛烈，取得了一些胜利，但苏联顽强坚守，收复了失地。库尔斯克战役是轴心国在东方战线发动的最后一场大规模进攻。此次战役之后,苏联红军稳定地向西进军。1944年底,他们夺回了波罗的海各国,准备进入波兰和东普鲁士。

形势的转变

1941年12月7日,日本攻击了美国在夏威夷珍珠港的海军基地。第二天,美国对日本宣战,加入同盟国在太平洋战场作战。12月11日,在9月刚与日本达成了军事联盟的德国和意大利对美国宣战。美国原本就一直在向同盟国供应武器、交通工具和补给,现在便能全面部署它的人力、经济实力和庞大的工业资源对抗轴心国。

1943年5月,美国的增援帮助同盟国赢得了对北非的控制权,这使得同盟国得以集中精力转而对付意大利。7月9日,同盟国进军西西里岛,经过6周的战斗,最终夺取了该岛。接着,同盟国登陆意大利大陆,一路向北推进。在高级政府与军方官员的配合下,意大利国王罢免了墨索里尼,将他囚禁起来,并在9月3日与同盟国签署停战协议。德军随后进军意大利。墨索里尼被解救出来,并被任命为纳粹在北方的傀儡国家——意大利社会共和国——的统治者。意大利的战争一直持续到1945年5月。在战争结束前的一个月,共产党抓获了墨索里尼,并立即将他处死,还将他的尸体挂在米兰示众。

1944年6月6日，西方盟军进军法国。攻击发起之日，15600名盟军士兵从诺曼底登陆（从海上和空中），这是史上规模最大的军事行动之一。他们建立了一个滩头堡，接着便向法国内陆推进。流亡海外期间领导了自由法国武装力量的夏尔·戴高乐（1890—1970）将军成为法国临时政府的总理。在德国国内，一些人策划了一个刺杀希特勒的阴谋，还发动了一场政变。7月20日，有人在希特勒位于东普鲁士的大本营里安置了一枚炸弹，但他大难不死，逃过了一劫。这次刺杀行动之后，纳粹政权逮捕和处决了数千名潜在的反对者。

到10月，法国和比利时的大部分地区都得到了解放。希特勒决定孤注一掷，向阿登高地盟军战线上的一个脆弱的战略要地发起进攻。在随后的阿登战役中，德国消耗了他们所剩的大部分资源，但最终还是被击退了。1945年2月，盟军再次采取攻势，并准备向德国进军。

犹太人大屠杀

希特勒利用了几个世纪以来人们对犹太人的偏见，将德国的诸多问题都归咎于他们。根据他的说法，犹太人要为共产主义的传播负责，他们还参与了操纵世界经济的全球阴谋。纳粹捏造了伪科学，宣称犹太人是劣等人种,与高等的雅利安人种截然不同。罗马人、斯拉夫人、精神和身体残疾的人(常常被迫绝育)和同性恋等其他族群则被认为是"有害的",之后也将成为纳粹的迫害对象。

纳粹将反犹太思想制定为国家法律。1935年9月15日,国会颁布了《纽伦堡法案》。50万名德国犹太人被剥夺了公民身份,他们还被禁止与非犹太人结婚和发生性行为。之后,法律又禁止犹太人投票和担任公职。他们的护照都会被盖上一个红色的"J"①字印章,还被迫使用犹太名字(男人叫以色列,女人叫撒拉),这样便于辨认他们的身份。1938年11月,德国发起了一起集体迫害犹太人的事件,即"水晶之夜"。在这次事件中,犹太人的商店、财产和做礼拜的场所遭到了攻击和破坏。由于身处的环境充满敌意,许多犹太人试图逃离德国,但大多数欧洲政府都不愿接收难民。很多犹太人希望定居巴勒斯坦,自从19世纪末开始,犹太复国主义运动一直在尝试在那儿建立一个犹太人的家园。但统治着圣地的英国当局限制犹太人移民,因为他们认为移民将打乱该地区的稳定局面。

在第二次世界大战期间,数百万犹太人死在纳粹的统治之下。在东欧和中欧,犹太人被赶进了1000多个聚居区;在西欧,他们被迫登记。1942年1月20日,纳粹高级领导人在柏林郊外的万湖开会,决定开始实施"犹太问题"的"最后解决方案",即彻底清除犹太人。一开始,纳粹动用特别行动队——一个准军事部队——在占领区四处抓捕和杀害犹太

---

① 为Jew(犹太人)的英文首字母缩写。

人（和其他不受欢迎的人种），他们用枪扫射受害者。但在万湖会议之后，纳粹开始大规模屠杀犹太人。他们在东欧建造集中营，将纳粹控制地区的犹太人送进去。犹太人在那里被迫工作。那些不被需要的劳动力则会被送进毒气室，他们死后尸体就会被火化。

一直有人在抵抗犹太大屠杀。地下组织和勇敢的个人试图偷偷将犹太人运到安全的地方。许多人加入游击队，与纳粹作战。1943年4月，华沙犹太区的居民起来反抗纳粹，他们将街道隔离起来，坚持了一个月，但最后还是被镇压下去。欧洲还爆发了众多其他起义和对纳粹的挑战，试图消灭纳粹，但它们往往都被残暴地镇压下去。随着战争即将结束，纳粹继续撤退，他们毁掉集中营，杀害其中的囚徒，或者强迫这些囚徒向西行进，很多人在路上丧生或被谋杀。

随着盟军进入纳粹的领土，集中营的恐怖和规模才被揭露出来。德国的领导人将对此暴行负责。雅尔塔会议决定，战犯将接受审判。因此，战胜国随后对轴心国战犯进行了纽伦堡审判，在法庭上公开揭露了纳粹的罪行，并起诉了轴心国对此负责的政治、经济和军事领袖。

1945年11月，纽伦堡审判开始。战犯在由苏联、英国、美国和法国的法官组成的一个国际特别法庭前受审。诸如此类的审判一直持续到1949年。这些审判揭露出了犹太人大屠杀的真实规模、恐怖和残忍，总共有超过600万犹太人在其中丧生。

第二次世界大战的结束

1945年1月16日,希特勒搬进了元首地堡——柏林的一个地下掩体。随着他的敌人从两个方向开进德国,他的精神状态和身体状况都恶化了。2月,"三巨头"盟军领导人(丘吉尔、斯大林和罗斯福——戴高乐没被邀请)在黑海边的雅尔塔会面,讨论对战后欧洲的计划。会上,他们三人一致认为德国应被置于盟军的占领之下,并要对德国采取5D措施,即去纳粹化、去军事化、去工业化、民主化和去中心化[①]。此外,他们还认为应在所有解放的国家内建立民主政权,应举行自由和公平的选举。雅尔塔会议召开的两个月之后,罗斯福因脑出血去世;美国副总统哈里·S. 杜鲁门(1884—1972)领导美国走过了之后的战争时期。

4月中旬,红军攻进柏林郊区。4月30日,希特勒在意识到战败无可避免之后自杀了。两天后,苏联占领了柏林。一个新的纳粹政府在德国北部的弗伦斯堡建立起来。但面对盟军的进攻,这个新政府的权威也在逐渐减少。5月7日一早,德国高级指挥部签署了无条件投降书——第二

---

① 这5项措施的英文单词均以D开头,分别为denazification(去纳粹化)、demilitarization(去军事化)、deindustrialization(去工业化)、democratization(民主化)和decentralization(去中心化),故在英文中被称为"Five Ds",此处直译为5D措施。

第五章 危机中的欧洲

天,他们所有的部队都将停止军事行动。5月8日晚,德国公开宣布无条件投降,欧洲胜利日(虽然在苏联和欧洲大陆东部这个时候已经是5月9日了)终于到来了。将近6年的暴力使得欧洲大部分地区沦为一片废墟,还导致4000多万名士兵和平民丧生。

虽然战争结束了,但还有许多事情尚待解决。东欧和中欧还驻扎着苏联的军队,斯大林已经在波兰建立起了一个友好的共产主义政府。7月17日,当苏联和西方同盟国在柏林郊外会面,召开波茨坦会议(与雅尔塔会议一样,戴高乐也没有受到邀请)之时,他们之间的关系相当紧张。会议一直持续到8月2日,期间不时爆发争吵。会上各方同意,盟军将占领德国,英国、美国、法国和苏联都将建立各自的控制区。柏林同样也将被分为四个区域(奥地利和维也纳的情况同样如此),它位于苏联控制下的东德。占领区将支付战争赔款,德国还将归还之前吞并的土地。各方在波兰问题上的争议尤其大。各国决定将德国之前在东普鲁士的领土并入波兰,但他们背叛了波兰流亡政府以及之前对建立民主政权的承诺,承认了斯大林的傀儡政权的合法性。类似的,苏联将在东欧和中欧的众多其他地区建立卫星国。保加利亚、捷克斯洛伐克、匈牙利和罗马尼亚都开始实施共产党一党专政,之后东德也加入进来。11月,南斯拉夫宣布成立联邦人民共和国,由共产党领袖约瑟普·布罗兹·铁托(1892—1980)领导。

当欧洲的战争结束之后,亚洲的战争还在继续。作为《波茨坦协定》的一部分,苏联于8月2日向日本宣战,并进军伪满洲国。美国在长岛和长崎投下两颗原子弹之后，日本最终在9月2日投降。

第二次世界大战终于结束了，为了防止未来再次发生这样的冲突，各国采取了一些措施。10月24日，联合国（简称UN）正式成立，目标是推动和保持世界和平以及促进国际合作。联合国是一个权威且极具影响力的组织，不像不久之后就将解散的国际联盟那样没有取得什么效果，它在达成成立宗旨这一点上要成功得多。此外，在接下来的40多年中，另一场冲突——冷战——将分裂欧洲。